二十四史

马上读
语文历史都进步

第一册

《史记》（上）

李海杰 主编

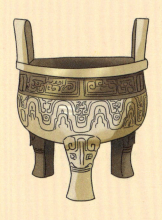

北京理工大学出版社
BEIJING INSTITUTE OF TECHNOLOGY PRESS

版权专有　侵权必究

图书在版编目（CIP）数据

二十四史马上读：语文历史都进步：函套共12册/李海杰主编. —北京：北京理工大学出版社，2023.10

ISBN 978-7-5763-2413-6

Ⅰ.①二… Ⅱ.①李… Ⅲ.①二十四史–青少年读物 Ⅳ.①K204.1-49

中国国家版本馆CIP数据核字（2023）第097057号

出版发行 /	北京理工大学出版社有限责任公司
社　　址 /	北京市丰台区四合庄路 6 号
邮　　编 /	100070
电　　话 /	（010）68944451（大众售后服务热线）
	（010）68912824（大众售后服务热线）
网　　址 /	http://www.bitpress.com.cn
经　　销 /	全国各地新华书店
印　　刷 /	唐山富达印务有限公司
开　　本 /	880毫米×1230毫米　1 / 32
印　　张 /	77.75
字　　数 /	1236千字
版　　次 /	2023年10月第1版　2023年10月第1次印刷
定　　价 /	398.00元（全12册）

责任编辑／王俊洁
文案编辑／王俊洁
责任校对／刘亚男
责任印制／施胜娟

图书出现印装质量问题，请拨打售后服务热线，本社负责调换

总顾问

　　熊铁基,湖南常德人,著名历史学家,华中师范大学历史文化学院教授。在秦汉史研究与道家道教研究领域辛勤耕耘近七十载,取得了丰硕的成果。

　　熊先生撰写的多部秦汉文化史、制度史、思想史等方面的著作,素为秦汉史学界所推重。二十世纪八九十年代,熊先生逐渐转入道家道教研究领域,从秦汉新道家的提出到老庄学的开拓,从有关道学的辨析到对早期道教史的关注,无不精研覃思,为中国哲学与道家文化研究开辟了一片新天地。

主 编

　　李海杰，男，汉族，山东菏泽人，历史学博士。现供职于华中师范大学博物馆，主要研究方向为中国近代义务教育、近代中国宗教文化史、博物馆学等。主持教育部、湖北省等省部级课题（基金）多项，在《湖南大学学报》《Contemporary Chinese Thought》等国内外期刊、高水平学术会议上发表论文数篇。

编委会

　　总顾问：熊铁基

　　主　编：李海杰

　　副主编：雪忆柔　李汉桥　程雪衣　刘建立
　　　　　　林　珏　李晋凯　张　翼　蔡　晨

各册著者

第一册 林　珏	第二册 蔡　晨	第三册 雪忆柔
第四册 刘建立	第五册 张　翼	第六册 李晋凯
第七册 程雪衣	第八册 程雪衣	第九册 雪忆柔
第十册 雪忆柔	第十一册 李海杰	第十二册 李汉桥

出版说明

我们先民向来注重记载历史，据说，早在夏朝末年，就有专职史官，负责记载事迹、掌管典籍。代代相传，积累了丰富而庞杂的历史典籍。而"二十四史"，便是其中最具系统性、代表性、权威性的了。

鉴于"二十四史"的重要意义和全面阅读的现实困难，又考虑到语文、历史学科在学业中的重要地位，我们一直在探索如何编撰一套既能展现"二十四史"特色风貌和主要特征，又能让青少年爱看爱学，契合"大语文时代"需求的书籍。

由此想到，可以以"二十四史"为骨干和依托，融入语文课、历史课的教学要求，在提高青少年文言文阅读能力的同时，也能提高其对历史，尤其是对正史的了解，从而极大地丰富、拓展知识面。

按照以上思路，本丛书严格遵循"二十四史"的体例，以人物传记为核心，根据他们在正史中的出场顺序进行编排。史料严格遵照正史记载，未有记载的内容不予采信。仅有极少数记载简略，对后世影响巨大的人物（如《史记》中的老子、庄子），为了整体叙述的需要，适当采用后人公认的研究成果。

"二十四史"的精华内容是列传（本纪、世家），记载了历代帝王将相、众多杰出人物（国家、民族）。本丛书的取舍标准是：初中历史教科书中提到且正史有传的人物（国家、民族），以及教科书中没有提到，但在历史上有很高知名度、影响力的人物。

在写作对象上，本书不仅有政治家、军事家，还有文学家、科学家、史学家、外交家，甚至还有奸臣、反贼等；不仅有人物，还有国家，如战国七雄；有民族，如汉朝的匈奴、唐朝的突厥回纥等，均特意收入。以求让读者从此一管窥见全豹。"二十四史"的表、志，因内容过于专业，本丛书一概从略。

在内容编排上，单篇传文分为四部分：第一，传主简介。第二，传文正文。大体按照传主生平，用故事的形式，详略得当地讲述其一生，文末适当点评。第三，精选原文及译文。原文力求体现传主的性格特征或主要成就，译文采取直译的方式，避免意译。第四，词语积累。词语选自原文，或与传主密切相关，以成语为主，兼顾其他。以求强化教辅功能，将语文知识、历史知识有机结合起来。

本丛书的特点有：在每部正史之前，附上该史的内容及作者简介；入选的合传（如儒林传），也有本传简介；统一采用公元纪年；生僻字标注拼音；大部分古代地名备注了今地（少数地名因其地域过于宽泛且变动频繁，没有补充）。

通过以上努力，希望本丛书能成为一套"二十四史"的精编版、速读版；此外，本丛书还配套了音频版，读者朋友可以通过扫描二维码随时听读。

本丛书共十二册，从策划到成书，历时近三年。鉴于编者水平有限，难免有错漏，敬请大家指正。

本书编委会

2023 年 4 月

序

  2021年1月,教育部颁发了《中华优秀传统文化进中小学课程教材指南》的文件,指出开展中小学中华优秀传统文化教育,对于永续中华民族的根与魂,坚守中华民族的共同理想信念,筑牢民族文化自信、价值自信的根基,维护国家文化安全,增强国家文化软实力,培养青少年做堂堂正正的中国人,具有重要意义。

  2022年10月16日,党的"二十大"报告指出,要把马克思主义基本原理同中国具体实际相结合、同中华优秀传统文化相结合;要传承中华优秀传统文化,满足人民日益增长的精神文化需求,巩固全党全国各族人民团结奋斗的共同思想基础,不断提升国家文化软实力和中华文化影响力;要增强中华文明传播力、影响力,坚守中华文化立场,讲好中国故事,传播好中国声音,展现可信、可爱、可敬的中国形象,推动中华文化更好地走向世界。

  如今国运昌隆,文教日兴,弘扬中华优秀传统文化已经成为全社会的共识,而在中小学阶段加强传统文化的教育,变得十分关键。

  "二十四史"是我国古代二十四部正史的总称,《隋书·经籍志》言:"世有著述,皆拟班、马,以为正史。"正史不仅代表我国古代史学的主流,而且是中华优秀传统文化的重要组成部分,在中华文明史上也占有极其重要的地位,其内容涉及中国古代政治、经济、科技、军事、思想、文化等各方面,具有系统性、代表性、权威性。"二十四史"共三千三百零一卷,约两千九百万字,其记叙的时间从《史记·五帝本纪》的黄帝开始,历四千余年。朝代有更替,但历史记载却从未间断,这是中国和中华民族引以为豪的事。

"二十四史"是从事史学研究最基本的资料,也是宝贵的历史文化遗产。但其篇幅实在过于浩繁庞大,不仅令普通人望而却步,即便是史学研究者,也罕有人能够通读全书。而鉴于其重大的文化价值和全面阅读的难度,以"二十四史"原典为基础,编一套通俗版的丛书,既能展现"二十四史"的特色风貌,又能让广大青少年看得懂,学得好,是一项很有意义的工作。

本丛书在编排方面下了不少功夫,以人物传记为核心,精选原文及译文,并附词语积累,方便学生阅读、理解和提高。希望中小学生通过阅读此书,走进"二十四史",了解中国历史知识,领悟中华传统文化,涵育人文精神。

本丛书的出版,不仅为中小学生学习历史知识提供了一个可靠的、有价值的读本,而且为广大传统文化爱好者提供了一种参考。

是为序。

2023 年 4 月

前　言

一

近代以来，随着西方工业革命方兴未艾，出现了西学东渐之势。西方的"道"与"器"席卷全球，国内各阶层精英人物全面向西方看齐，唯西方马首是瞻，无一不竭力反思和批判本国的历史、文化，将之视为"历史的包袱"。

在此三千年未有之大变局下，随时有亡国灭种的危险。无数仁人志士奋起呐喊，振臂高呼，他们的救国纲领或许有异，但拳拳爱国之情不容质疑。然而，一旦我们引以为傲的历史、文化被连根拔起，民族自信就会受到摧残，也就从根本上丧失了自立于世界民族之林的基础。

现在，我国经历了这段不堪回首的百年屈辱史之后，已然凤凰涅槃，绝境重生，以傲人之姿再次腾飞。尽管我们在物质领域取得了举世瞩目的成就，但如何在精神领域以强势的文化崛起，再现汉唐盛世的雄风，便是新一代青少年义不容辞的责任。

梁启超说："少年智则国智，少年强则国强，少年雄于地球则国雄于地球。"强国有少年，则中华民族的伟大复兴指日可待。我国作为世界上唯一连续数千年文明不曾中断的国家，如何发挥这一强大的历史优势，更是文化工作者的神圣使命。

二

自从地球上出现了人类，就有了人类文明。纵览历史，横观全球，虽然产生的人类文明灿若星河，但有的要么只留下片言只语的记载让后人猜测，要么只剩下断壁残垣供后人凭吊，更多的真相则湮灭于历史尘埃之中。唯有中华文明，有文字记载的历史就长达数千年，而考古学能追溯的历史则更远。

我们勤劳智慧的先民，世代生活在这片热土。他们修建了亭台楼阁，发明了文字，制定了历法，组建了成熟的政治、经济体制，创造了灿烂无比的物质文明。他们在这里繁衍生息，仰望星空，由天道及人道，诸子百家之学勃兴，文学艺术不断推陈出新，由此形成了薪火相传的精神文明。

今天，我们站在新的历史起点，回首漫长的岁月，展望广袤的世界，独树一帜的中华文明依然生机勃勃。作为中华文明极其重要的构成——我国拥有浩如烟海的史书，持续五千年不间断地传述着历史。仅此一条，足以傲视全人类，值得被后世子孙铭记流传、继承发扬。

三

公元前1300年前后，商王盘庚迁都到殷（今河南省安阳市）。商人在殷地近三百年，世代将占卜结果刻在龟甲和兽骨上，不断堆积。我们将这些文字称为甲骨文，这是我国目前所见最早的成熟汉字。

从那时起，迄今近三千四百年，便是我国有文字记载的历史。其中，三千三百年的历史都以文言文记录。直到民国初年以来的近一百年内，白话文才逐渐流行。换言之，我们的文化和传统、我们祖先的事迹和智慧，都是文言文写就的。

很难想象，如果看不懂文言文，将如何读懂历史，如何承担艰巨的历史使命，如何复兴中华文化。毫不夸张地说，青少年的文言文阅读理解能力，必须不断地提高，这不仅是学习的需要，更是文化传承的需要。

我们有责任让青少年更好地领悟中华文明，增强做中国人的志气和底气；有责任将中华文明的基因根植在青少年心里，增强做中国人的认同感和归属感；更有责任让中华文明成为联系全世界华人的精神纽带，成为中华文化万世不变的根基，增强民族自信和文化自信。这，也是炎黄子孙共有的使命。

四

　　学文学史,是对青少年的文化熏陶,更是对品德和性格的培育。知文知史,是让我们在没有强制约束的情况下,依然能像许衡一般,说出"吾心独无主乎";是范仲淹提醒狄青胸怀文墨、不做莽夫,一本《左氏春秋》便能成就一代名将;是孙权告诫吕蒙要读史知史,乡野村夫也可令人刮目相看;是司马迁面临困境、逆境和绝境,依然矢志不渝地撰写出永世流传的《史记》。历史文化底蕴与性格品格培养相辅相成,古今中外,概莫能外。

　　如果将人类繁衍生息这部壮观发展史比成一座高楼,那么千年历史的每一个片段就是一层又一层基石,一天、一年、一纪元,便在此基础上累积而成。每一次的历史兴替,即为一个全新时代的开启,它是秦始皇统一中国的大势所趋,是唐诗宋词闪耀在民族血脉里的光芒,是记载于史书中的文明接续,是纵横千载、汇聚而成的民族自信。所有已知的经验、未知的疑问,就让我们穿越千载时光,拨开历史迷雾,在本书中寻找答案吧!

　　"问苍茫大地,谁主沉浮?"

　　愿听到广大青少年齐声共答:"数风流人物,还看今朝!"

李海杰　雪忆柔

2023 年 4 月

目录

史记（上）

五帝本纪 / 004
- ◎ 人文初祖黄帝
- ◎ 帝尧推位让国
- ◎ 帝舜化被万方

夏本纪 / 013
- ◎ 大禹治水
- ◎ 启家天下
- ◎ 时日曷丧

殷本纪 / 020
- ◎ 商汤灭夏
- ◎ 伊尹放太甲
- ◎ 盘庚迁都
- ◎ 武丁中兴
- ◎ 酒池肉林

周本纪 / 030
- ◎ 仁德文王
- ◎ 武王伐纣
- ◎ 成康之治
- ◎ 穆王西征
- ◎ 厉王止谤
- ◎ 幽王灭国
- ◎ 平王东迁

秦本纪 / 043
- ◎ 穆公称霸

◎ 孝公变法
◎ 惠文称王
◎ 昭王奠基

秦始皇本纪 / 053
◎ 千古一帝

项羽本纪 / 061
◎ 西楚霸王

吴太伯世家 / 071
◎ 吴氏兄弟让国
◎ 季札识乐劝人
◎ 阖闾兄弟阋墙

◎ 夫差盛极而亡

齐太公世家 / 080
◎ 姜太公钓鱼
◎ 齐桓公称霸

鲁周公世家 / 090
◎ 周公吐哺
◎ 礼崩乐坏
◎ 三桓之乱

燕召公世家 / 098
◎ 召公蔽芾甘棠
◎ 姬哙禅让致乱
◎ 昭王惜才敬贤
◎ 姬丹荆轲刺秦

晋世家 / 108
◎ 桐叶封弟
◎ 骊姬之乱
◎ 晋文称霸
◎ 三家分晋

楚世家 / 119
◎ 熊绎艰辛开国
◎ 熊通僭越称王
◎ 庄王问鼎中原
◎ 楚国灭亡

越王勾践世家 / 129
◎ 勾践卧薪尝胆

赵世家 / 136
◎ 赵盾独揽朝政
◎ 程婴救孤
◎ 赵无恤封侯立国
◎ 武灵王胡服骑射
◎ 孝成王贪城损国

魏世家 / 148
◎ 文侯百年霸权
◎ 惠王徐州相王
◎ 安釐王抱薪救火

韩世家 / 158
◎ 韩献子执法
◎ 申不害变法
◎ 宣惠王称王

田敬仲完世家 / 166
◎ 田氏专权
◎ 田氏代齐
◎ 威王比宝
◎ 湣王作死
◎ 田齐灭亡

孔子世家 / 177
◎ 永远的圣人

陈涉世家 / 186
◎ 农民起义领袖第一人

史记

上

史 记

　　《史记》是"二十四史"之首，全书约七十万字。最初称《太史公书》，或称《太史公记》，从三国时起才称《史记》。《史记》是我国历史上第一部纪传体通史。纪传体是史书的一种形式，皇帝的传记称"纪"，其他人的传记称"传"，其以人物为核心，记录人物的语言事迹，并以此记录历史，因此称为纪传体。

　　在《史记》之前，我国记录历史一般使用编年体。编年体就像一张年表，能清晰地看见历史的脉络，但很难集中反映同一历史事件的前后联系，也不容易看出与重大历史事件有密切关系的人物事迹。纪传体是以本纪、列传人物为纲，以时间为纬，集中反映历史事件的一种史书编纂体例，因而弥补了这些缺陷。

　　《史记》从上古时期的黄帝开始，一直写到汉武帝元狩元年，约三千年的历史，全书共一百三十卷，包括有本纪十二卷，表十卷，书八卷，世家三十卷，列传七十卷，共一百三十卷。本纪是历代帝王的传记，一些有帝王之实而无帝王之名的人，如项羽、吕雉，也列入本纪。表是用表格排列历史大事。书则记载礼制、官制及经济制度等（后世也叫"志"）。世家记载诸侯和贵族的历史。列传记载其他重要的历史人物（后世也有叫"载记"的）。

　　《史记》取材相当广泛。当时社会上流传的《世本》《国语》《秦记》诸子百家等著作和国家的文书档案，以及实地调查获取的材料，都是司马迁写作《史记》的重要材料来源。对一些不能弄清楚的问题，司马迁或者采用阙疑的态度，或者记载各种不同的说法。由于取材广泛，修史态度严肃认真，所以《史记》记事翔实，内容丰富。另外，《史记》也是一部优秀的文学作品，在文学史上占有极其重要的地位，备受后世推崇。刘向等人认为此书"善序事理，辩而不华，质而不俚（lǐ）"，鲁迅称赞它是"史家之绝唱，无韵之《离骚》"。

《史记》的作者司马迁（生卒年不详），字子长，左冯翊夏阳县（今陕西省韩城市）人。我国历史上杰出的历史学家、散文家、思想家，被尊为"历史之父"。大约生于汉景帝末年，死于汉武帝征和年间。

司马迁幼年时就很刻苦，十岁学习当时的古文，二十岁游历祖国的名山大川，到处考察古迹，采集传说，极大地开阔了胸襟，增长了知识。司马氏世代为太史，负责整理和著述历史。后来，司马迁承袭父职担任太史令，有条件读到大量的图书文献和国家档案，为编写《史记》奠定了基础。

公元前99年，汉将李陵率兵出击匈奴，兵败投降。司马迁对李陵投降表示同情，得罪了汉武帝，被处以宫刑。面对如此奇耻大辱，司马迁秉承"究天人之际，通古今之变，成一家之言"的史识，忍辱负重、奋笔疾书，前后经历了十四年，于公元前91年完成此书。司马迁死后许多年，他的外孙杨恽才把这部不朽名著公之于世。

二十四史马上读,语文历史都进步

五帝本纪

《五帝本纪》是《史记》的第一篇,记载黄帝、颛顼(zhuān xū)、帝喾(kù)、尧、舜五位上古帝王的历史。我国很多历史的开篇总是从三皇五帝开始的,但三皇只存在于神话中,无据可考,五帝倒有脉络可寻,司马迁本着严谨的态度,从五帝开始记录。帝,是指"德配天地,在正不在私"。五帝具体是哪五个人,也有多种说法,司马迁遵从了《世本》《大戴礼记》的说法。本纪就是记录家族历史的意思,在我国古代,只有帝王的家族历史称为本纪。

● 人文初祖黄帝

黄帝(生卒年不详),姓公孙,名轩辕,有熊氏,是我国古代部落联盟首领,五帝之首。

在五千多年前,华夏大地上生活着许多小部落,名义上统治各部落的首领是神农氏。神农氏,顾名思义,就是善于务农种地,让大家能吃饱饭,人们感激他的恩德,尊他为天子,认为他是太阳神的化身,有着像火一样的德行,因此号称炎帝。

后来,轩辕降生了。轩辕是有熊国君少典的儿子,非常聪明,生下来就很神奇,什么都明白。很小的时候就能说话,行为举止都和大人一样,很有章法,长大之后成熟稳重,大家都信赖他。

轩辕所在的有熊氏是一个比较大的部落。这时候,天下已经大乱,有熊氏无法独善其身。于是轩辕学习作战,去征讨侵占别人土地的部落,因为轩辕师出有名,百战百胜,公正无私,各个部落都愿意跟随他。

这时,曾经的部落首领——炎帝部落已经衰弱,只好向轩辕求援,但又放不下作为天子的权威。双方在阪泉的野外三次交战,炎帝三战三败,只得臣服认输。最终,两个部落组成联盟。

轩辕和炎帝部落联盟之后,部落力量更加强大,让另一个地处东方的强大部落十分不安,这个部落叫九黎,首领便是鼎鼎大名的蚩(chī)尤。九黎部落擅长冶炼铜铁,因此武器精良,而蚩尤更是有兄弟八十一人,个个本领非凡,到处为非作歹,不遵号令。

▲ 黄帝与炎帝结盟

轩辕决定前往涿鹿（今徐州市）讨伐蚩尤。他征调了许多诸侯的部队，拉出熊、罴（pí）、狼、豹、貙（chū）、虎六支部队作为前锋，竖起各个部落的旗帜以壮声势。蚩尤请来巫祝作法，大雾三天三夜，弥漫战场。九黎部落的士兵身披铠甲，手持刀斧，将轩辕的军队冲杀得七零八落，轩辕的军队损失惨重。

轩辕的大臣风后在北斗星的启示下，发明了指南车，部队得以冲出大雾。而后，轩辕下令应龙作法，想用大水淹没蚩尤军队于涿鹿之野，蚩尤也请来风伯雨师兴起大风雨。一时之间，战场上风雨大作，轩辕部队的甲胄又湿又重，寸步难行。蚩尤的部队常年在南方，早就习惯了下雨的环境，立马脱了铠甲换上蓑衣，身形更加矫健。轩辕赶紧请来天女魃（bá）止住风雨，天气突然转晴，蚩尤的部队来不及更换铠甲，被打得七零八落。应龙一马当先，冲进敌营杀了蚩尤。

蚩尤之死震惊天下，天下再没有人敢兴起战争。轩辕便取代了神农氏成为新天子，大家认为他具有土一样的德行，因此号称他为黄帝。黄帝挑选有才能的人分官任职，构建了职官制度；同时推行井田制，让天下百姓有田可耕；又大力发展文化科技事业，留下了很多发明创造。比如黄帝的妻子嫘（léi）祖，就发明了养蚕；另一位大臣仓颉（jié），则发明了文字。

黄帝采取一系列的措施，使得当时的社会呈现出空前的繁荣与强盛景象。而炎黄两部落的联盟也逐渐融合为一个新民族——华夏族。黄帝便被后人尊为"人文初祖"，我们中国人都自称炎黄子孙。

帝尧推位让国

帝尧（生卒年不详），祁姓，名放勋，被封在唐，故称陶唐氏。死后谥号尧,史称唐尧。

尧是黄帝的曾孙,即位之后制作历法来指导耕种,使得粮食产量大大提升,深受各部落的拥护和爱戴。

尧年老之后,四处寻访名士,想将天下托付给他,召集各部落首领询问:"我在位已经七十年了,年迈体衰,谁能接替我管理天下呢?"一个首领说:"你的儿子丹朱比较贤能。"尧摇头说:"不行,丹朱的脾气顽固凶狠,不适合。"首领们劝他三思,但尧的态度很坚决:"交给丹朱,对丹朱有利,对天下不利;不交给丹朱,对丹朱不利,对天下有利。不能因为一个人的缘故而损害天下人的利益。"尧又问:"还有别人吗?"另一个首领推荐了共工,尧说:"共工花言巧语,貌似恭敬谨慎,其实用心不正,不适合。"接连否定两个人,尧苦恼地说:"那就从众人中推举吧,有德行的人才能胜任。"大家想了想,说:"有一个人在民间,叫重华,他应该合适。"尧说:"我听说过这个人,他怎么样?"众人回答说:"他是个盲人的儿子。父亲愚昧,母亲顽固,弟弟傲慢,而他却能与他们和睦相处,引导他们不走向邪恶。"尧决定试试重华。

尧把两个女儿嫁给重华,来考察他的德行。尧发现女儿出嫁后,一改骄娇之气,住到茅屋中,像普通妇人一样辛勤劳作,自己的九个儿子跟着重华之后,变得谦和有礼。

尧很满意，便在正月初一那天，在文祖庙正式将帝位禅让给重华，是为舜帝。

尧爱民如子，民也视他如父。他去世后，人民都悲痛万分，一连三年，都没有人歌舞奏乐，一心只想为他服丧。

帝舜化被万方

帝舜（生卒年不详），姚姓，名重华，号有虞（yú）氏，黄帝的八世孙。死后谥号舜，史称虞舜。

舜的家族往上几代都是平民，父亲是盲人，还有一个后母和后母生的弟弟象。

舜的德行很好。他在历山耕种，历山的人都受他感化，让对方多占有土地；他在雷泽捕鱼，雷泽的人都学他礼让，互相推让居住的地方；他去河滨制陶，陶器没有一个粗制滥造的。他居住的地方，一年就聚集成村落，两年就形成邑城，三年就形成了城市。

帝尧看舜做得很好，奖励他漂亮的衣服和琴，还给他盖了谷仓，送来牛和羊。这可让象眼红坏了，象便劝说父亲谋杀舜。趁着舜爬到粮仓顶上涂泥巴，父亲就在下面放火烧粮仓，舜拿起两个斗笠一左一右挂在身后，像鸟翅膀一样张开，从粮仓顶上跳下来逃走。父亲一看舜没死，心里一惊，骂他不小心引发火灾，让他凿井来防范。舜一边挖井，一边开凿暗道。等舜挖井挖到深处，父亲和弟弟一起往井里倒土，舜却从暗道逃出。象坐在舜的屋子里弹琴唱歌，看见舜回来了，吓得脸色苍白，结结巴巴地说："井塌了，我们正思念你呢！"舜不但没有揭穿，还像以前一样侍奉父母、友爱弟弟。他的父母和弟弟又愧疚又害怕，再也不敢生事。

舜继承帝位之后，用自己的德行感化民众，大家都学习他的德行，尊重父母，友爱兄弟，邻里之间关系也很友好，天下一片和睦。舜年老之后，效仿帝尧的做法，将帝位禅让给治水有功的大禹。

经典原文与译文

【原文】尧知子丹朱之不肖，不足授天下，于是乃权授舜。授舜，则天下得其利而丹朱病；授丹朱，则天下病而丹朱得其利。尧曰："终不以天下之病而利一人。"而卒授舜以天下。——摘自《史记》卷一《五帝本纪》

【译文】尧知道儿子丹朱不成才，没有能力被授予天下，所以尧将天下权柄交给了舜。授予舜，则天下得利而丹朱受损，授予丹朱，则天下受损而丹朱得利。尧说："终不能让天下受损而让一个人受益。"于是最终将天下授予舜。

词语积累

三皇五帝：我国古代传说中的上古帝王。一般三皇指燧（suì）人氏、伏羲（xī）氏、神农氏；五帝指黄帝、颛顼、帝喾、唐尧、虞舜。

攀龙附凤：黄帝乘龙升天的时候，许多大臣、妃嫔们都争相爬上龙背，想要和黄帝一起升天。后比喻为获取名利而巴结有权有势的人。

釜山合符：符，符节、符信，用竹、木、玉、骨等制成，然后一分为二，作为持有者双方的凭证，也就是合符。黄帝在釜山与各部落合符，标志着他成为天下共主。釜山因此成为中华大一统的开端之所和中华民族的发祥之地。

龙去鼎湖：黄帝在鼎湖铸鼎，鼎成，天上有龙下凡接黄帝升天。后来比喻帝王去世。

铜头铁额：神话传说中东方九黎族首领蚩尤及其兄弟的形象。后来形容人勇猛强悍。

娥皇女英：尧的两个女儿，同时嫁给舜为妻。舜到南方巡视，在苍梧山去世。两人前往寻夫，得知舜已死，两人痛哭流涕，纵身跳入滚滚湘江，化身为湘江女神，后人称为湘夫人。两人的眼泪洒在竹子上，使得竹子有斑斑泪痕，因此称作斑竹，也叫湘妃竹。

耕者让畔：畔，田界。种田的人把田界让给别人。形容礼让成为社会风气。

八元八恺（kǎi）：元，善良；恺，和惠。高辛氏的八名才子合称八元，高阳氏的八名才子合称八恺。比喻贤臣。

夏本纪

> 《夏本纪》主要记载夏朝的历史。从大禹开始，到夏桀（jié）为止。夏朝是我国第一个奴隶制王朝，大约存在于公元前21世纪至公元前16世纪。

● 大禹治水

禹（生卒年不详），姒（sì）姓，名文命，夏后氏首领，也是黄帝的子孙，夏朝的开国君主，史称大禹、神禹。

尧在位的时候，洪水滔滔，诸侯们举荐鲧（gǔn）治理洪水。鲧采用筑堤堵水的方法治水，花费九年没有成功。舜帝即位后诛杀了鲧，接着任用鲧的儿子禹治水。

禹感伤父亲的遭遇，不敢懈怠，接到命令立即出发。他吸取父亲失败的教训，跋山涉水，开始调查洪水的源头，一路牵绳测量，研究洪水沿途所有山川、土地、河流、泥潭、湖泊的位置和走势。最终发现，要彻底治理洪水，必须顺

▲ 大禹治水

应水往下流的自然趋势,对河流湖泊进行疏导,引导水流向大海。

于是,禹带领民众一起挖掘,疏通了所有的江湖河道,鞋子破了就光脚走,衣服破了也顾不上换,累了就地而眠,饿了摘果而食,三次路过家门都不敢进,一连十三年,终于取得成功。百姓为了表达感激,尊称他为大禹。

大禹在治理洪水的过程中,早已对各地的地形、习俗、物产等了如指掌。便根据地势将天下划分为九州,各州之间修筑行道,互通有无。发生了灾害的地方土地泥泞,无法种植，他就将寻访到的水稻种植技术教给百姓，将劣地变为良田。他发现各州的土地肥沃程度不同，物产也不同，因地制宜重新规划各地贡赋，平整土地，修建合适的灌溉水利工程，开发出大量可耕种的沃土。

舜帝赐给大禹一块黑色圭（guī）玉，表彰他治水的功劳，并向天下宣告治水成功。又将他举荐给上天，作为自己的继承人。舜帝逝世，大禹服丧三年，把帝位让给舜的儿子商均，自己躲避到阳城。但天下诸侯不朝拜商均而朝拜大禹。大禹这才继承了天子之位，定国号为夏。

启家天下

启（生卒年不详），姒姓，又称帝启、夏后启，阳翟（dí）（今河南省禹州市）人，大禹的儿子，夏朝的第二任君王。

大禹勤于政事，前往东方巡视，在会稽逝世，遵照禅让制的原则，将天下禅让给益。益为大禹服丧三年后，效仿大禹（把帝位让给舜的儿子商均的举动），自己躲到箕（jī）山的南面。

益没有突出的政绩，众人不顺服，而大禹治水功德深厚，启本身也比较贤德，天下人心都归向启，诸侯都不朝拜益而朝拜启，说："这是我们的君主禹帝的儿子啊！"于是启继承天子之位，是为帝启。

帝启即位后，有扈（hù）氏认为他破坏了禅让制，拒绝出席帝启召集的钧台会盟。帝启召集将领，制作《甘誓》训诫说："六军听令，有扈氏上不敬天象，下不敬大臣，背离天地正道。现在，上天要断绝他的天命，我恭敬地代替上天执行对他的惩罚。我命令你们进攻他，如果不进攻，就是不服从命令。听从命令的，将在祖先神灵面前受到奖赏；不听从命令的，就在社神面前杀掉他，而且把他们的家人贬为奴婢！"

训诫之后，帝启与有扈氏在甘地大战一场。有扈氏战败，部众被罚为奴隶。各部落不敢再有异议，帝启的地位得到巩固。帝启通过暴力，以家天下的世袭制取代了公天下的禅让制，并正式建立我国历史上第一个国家，这具有划时代的意义。

时日曷（hé）丧

夏桀（生卒年不详），姒姓，名履（lǚ）癸，夏朝最后一个君主，历史上有名的暴君。死后谥号桀。

夏桀文武双全，但性情暴虐，荒淫无道。在他之前，很多诸侯已经相继叛离，夏桀继位之后，不思改行德政，反而更加骄奢淫逸。他经常派大军攻打自己属臣的领地，掠夺财富和美女。民众衣不蔽体，夏桀却因为美人喜欢听撕帛之声而撕毁无数布料；民众饥肠辘辘，夏桀却修筑了可以行舟的酒池。有忠臣劝诫，就杀了劝诫的大臣。

商国君主成汤为政有德，民间纷纷传说新都城在商国，不在夏桀的王宫。夏桀听到传言，高傲地宣称："我就是太阳，太阳照到的地方都在我的统治之下。"百姓愤怒地诅咒："你这个太阳何时灭亡！我们宁愿和你一同毁灭！"

夏桀召来汤，囚禁在夏台，又贪图商国的贿赂，释放了他。汤回国之后，带领诸侯征讨夏桀，百姓不愿意替夏桀打仗，夏桀兵败鸣条（今山西省安邑县的鸣条冈），被放逐到南巢，还不反思自己的错误，说："我只后悔当初没有把汤杀死在夏台，以致落到这个下场。"

经典原文与译文

【原文】 帝舜荐禹于天，为嗣。十七年而帝舜崩。三年丧毕，禹辞辟舜之子商均于阳城。天下诸侯皆去商均而朝禹。禹于是遂即天子位，南面朝天下，国号曰夏后，姓姒氏。——摘自《史记》卷二《夏本纪》。

【译文】帝舜向上天推荐禹，接替自己。十七年后帝舜驾崩。禹为舜服丧三年满期，前往阳城回避舜的儿子商均。天下诸侯都离开商均而朝见禹。禹于是才即天子位，南面朝天下，国号叫夏后，姓姒氏。

江汉朝宗：江，长江；汉，汉江；朝宗，朝见天子。指江河奔流入海。比喻大势所趋，人心所向。

钧台之享：钧台是为天帝群神修建的祭坛。夏启击败有扈氏之后，为了废除传统的部落禅让制，确立世袭制，在都城阳翟召集各地方首领，举行了一场祭祀活动，也是一次重要的会盟。会盟确立了夏启的共主地位，开启了家天下局面。

九鼎：相传大禹划分天下为九州，命令九州州牧进贡青铜，铸造九鼎，将九州的名山大川、奇异之物镌刻于鼎上。九鼎因此成为夏朝的镇国之宝，代表王权至高无上，是国家统一昌盛的象征。

时日曷丧：曷，何时。夏桀将自己比作太阳，百姓痛恨他，说："时日曷丧，予及汝皆亡！"发誓与他同归于尽。形容痛恨到极点。

鸣条之战：这是大约公元前1600年，商汤率领商部落与夏桀的军队在鸣条进行的一场决战。结果夏王朝灭亡，商朝建立。

涂山之会：禹在涂山大会夏、夷各部落首领，史称涂山之会。标志着夏王朝正式建立。

殷本纪

> 《殷本纪》主要记载商朝的历史。从商汤开始，到商纣王为止。商朝是我国历史上第二个奴隶制王朝，大约存在于公元前16世纪到公元前1046年。公元前13世纪，商王盘庚迁都于殷，此后不再迁都，故又称商为殷。

◉ 商汤灭夏

商汤（生卒年不详），即成汤，子姓，名履，又名天乙，商朝的开国君主。

当年，帝喾（kù）的次妃简狄吞吃了一枚燕子蛋，怀孕生下契（xiè）。契跟随大禹治水立下功劳，被舜帝任命为司徒，封在商地，赐姓子。契就是商的始祖。

夏朝末年，夏王桀施行暴政，诸侯昆吾氏也为虎作伥，商汤亲自握着大斧，带领诸侯起兵，先平定昆吾氏，接着讨伐夏桀。因为在商汤治下商地一直很安稳,现在要打仗,民众抱怨说:"国君抛开我们的农事不管,却要去打仗。"

商汤听说之后,召集百姓解释说:"不是我喜欢打仗,而是因为夏桀犯下了很多罪行。百姓的心意就是上天的旨意,我畏惧上天,不敢不征伐。"又传令三军:"夏桀大兴徭役,盘剥百姓。现在我要去讨伐夏桀!希望你们和我一同奉行上天的意志。我将奖赏勇者,决不食言。如有违令,严惩不贷!"商汤在鸣条打败并俘虏了夏桀,将他流放到南巢。三千诸侯召开大会,推举商汤登上天子之位。

商汤灭夏之后,为夏朝的遗民保留了夏社,将他们分封在杞(qǐ);废除了夏朝的政令,班师回朝。又谆谆告诫各路诸侯,让他们效法大禹、皋(gāo)陶、后稷(jì)这些前代贤王,努力为民众建功立业,以发动暴乱的蚩尤作为借鉴,否则严加惩办。商汤的统治区域空前广阔,甚至远在黄河上游的氐(dī)人、羌人都前来朝贡。

商汤用武力推翻了夏朝的统治,终结了王位永定的观念,开启了我国历代王朝更迭的先河,被称为"商汤革命"。

伊尹放太甲

伊尹(生卒年不详),己姓,伊氏,名挚(zhī),

有莘（shēn）国的奴隶，商朝的开国元勋，著名的政治家，厨师的祖师爷。

伊挚自幼勤学上进，虽然身为奴隶，却既精通烹调技术，又熟知治国之道，是贵族子弟的老师，远近闻名。商汤曾三番五次备下厚礼聘请他，但有莘国的国君不同意。于是商汤求娶有莘国的公主，并点名伊挚作为陪嫁。伊挚刚到商国，便向商汤讲述尧舜以德治国的往事，规劝他拯救万民、讨伐夏桀。商汤尊奉他为老师，破格提拔他为尹（即右相），是为伊尹。

在伊尹的全力辅佐下，商国越来越富强，逐渐拥有了一统天下的实力，最终消灭了夏桀。商汤逝世之后，后续两任帝王早逝，伊尹就拥立商汤的嫡长孙太甲为帝。

太甲刚刚登基时，还能勤恳为民，但临政第三年后，开始懈怠，每天玩乐，不理政事。伊尹百般劝阻教导，太甲不为所动，伊尹便以四朝元老的身份，将他流放到汤的葬地桐宫。此后几年，伊尹代行政务，主持国事，朝会诸侯。

太甲在桐宫一待三年，发现他不在的时候国事更加清明，周边百姓都在盛赞国政，这才明白伊尹的理念是正确的，对之前的行为悔过自责。伊尹听说他有悔改之意，亲自前往桐宫，将他迎回朝廷，交还政权。从此以后，

▲ 伊尹放太甲

太甲勤修道德，不敢懈怠。他治下的诸侯顺服，百姓得以安宁。

　　太甲的儿子沃丁在位时，伊尹去世，以天子之礼陪葬伊尹在亳（bó）。伊尹历事五代君主，辅政五十余年，为商朝的兴盛富强立下了汗马功劳。因为他功绩宏伟，被奉祀为"商元圣"，甲骨文中就有"大乙（即商汤）和伊尹并祀"的记载。

盘庚迁都

盘庚（生卒年不详），子姓，名旬，商汤的九世孙。商朝第十九位君主。

盘庚即位之前，商朝的京城经过了好几次搬迁，连续九代君主为了争夺权力，展开了残酷的斗争，加上贵族们生活腐朽，天灾频繁，国势已经衰微。盘庚有心改变这种局面，决定迁都。他特意派人考察了殷（今河南省安阳市小屯村），发现那里土地肥沃，地势高平，无论是建设都城还是发展农业，都十分有利。迁都之后，既能摆脱权贵的束缚进行改革，又能解决当时的京城每逢大雨就被淹的困境。

但是贵族贪于安逸，百姓不愿受迁移之苦，个个怨声载道，甚至还有部分百姓起来闹事。盘庚见此情况，耐心相劝："搬迁是为了国家安稳，殷地的发展更好。"又告谕贵族："从前，先王成汤和你们的祖辈一起平定天下，他们传下来的法度和准则应该遵循。如果连这些都舍弃了，还修什么德业呢？"将迁之时，盘庚又警告贵族："如果有人作奸犯科，我将就地诛杀，绝不让他前往新都。"盘庚软硬兼施，终于带领平民和奴隶渡过黄河，将都城南迁到殷。

盘庚迁都后，修缮了成汤的故宫，再次推行成汤的政令，提倡节俭、减轻剥削。百姓渐渐安定，商朝的国势又一次兴盛，诸侯纷纷前来朝见。史称"盘庚迁殷"。

武丁中兴

武丁（？—公元前1192年），子姓，名昭，商汤的十世孙。商朝第二十二任君主。

盘庚迁殷之后，成功避开了水患，解决了王室内斗和贵族霸权的局面，一定程度上有了复兴的气象。盘庚去世后，继任者无能，国势再度衰微。后来，盘庚的侄子武丁即位，决心使商王朝强盛起来。

武丁担忧自己发出错误的政令，因此登基的前三年，不对政事发表任何言论，一切都交给冢（zhǒng）宰决定，自己则深入民间，一面观察国家的风气，一面学习处理政事。他发现朝中官员仅能守成，但若要国家强盛，则需要更贤能的开创性人才。

有一天，武丁在傅岩与苦役闲聊，在筑墙的奴隶中发现了一个人才，此人叫作说（yuè），虽有才干，却无从施展。武丁决心重用说，又担心他的奴隶身份受到掣肘，便大肆宣称自己梦见一位名叫傅说的神人降临，画成画像，在全国寻找此人。最终将说迎入朝廷,并赐姓傅。后来,傅说辅佐武丁安邦治国,被尊称为圣人。

武丁选拔人才不论出身,唯才是举,除了傅说以外,还访得了甘盘、祖己等贤人辅政。在众多人才的辅佐下,武丁励精图治,商朝国势强盛。在内政治清明,百姓富庶;在外灭躬方,亡土方,平西羌,定荆襄,扩张疆域几千里。史称"武丁中兴"。

酒池肉林

帝辛(?—约公元前1046年),子姓,名受。商朝末代君主。死后谥号纣(zhòu),史称纣王。

纣王天资聪颖,才智过人,能徒手与猛兽格斗。正因为如此,他非常自负,认为自己绝顶聪明,不需要臣子的劝谏。

纣王一登基,便加重赋敛,营建朝(zhāo)歌城,宫殿里堆满了搜刮来的奇珍异宝,大量扩建园林楼台,营造酒池肉林,通宵饮酒寻欢;对臣民推行严刑峻法,施行炮(páo)烙酷刑。发动对东夷的战争,炫耀武力,常常夸耀自己的文治武功。

纣王曾经任用姬昌、九侯、鄂侯为三公。他不喜欢九

▲ 酒池肉林

侯的女儿，就杀了她，又把九侯剁成肉酱。鄂侯劝谏，结果被制成肉干。姬昌听说此事，暗暗叹息，纣王得知后，将他囚禁在羑（yǒu）里（今河南省汤阴县境内）。姬昌的大儿子替父亲求情，被剁成肉泥。纣王的叔叔比干极力劝谏，纣王大怒说："我听说圣人的心有七个孔。"于是剖开比干的胸膛，挖出心来观看。贤臣们见无法劝谏，都躲起来，连太师、少师都拿着祭器、乐器纷纷出逃。国人因此疏远商朝，诸侯都背弃了他。

　　大臣祖伊听说后，说："臣多次占卜都是凶兆。殷国已经被上天所弃,大王准备怎么办呢?"纣王说:"我生来就是国君,这就是天命。"祖伊说:"国王已经无法规劝了!"

姬昌的儿子周武王姬发率领诸侯讨伐纣王,商朝的军队阵前倒戈,纣王见大势已去,便穿着宝衣登上鹿台,自焚而死。

经典原文与译文

【原文】汤出,见野张网四面,祝曰:"自天下四方皆入吾网。"汤曰:"嘻,尽之矣!"乃去其三面,祝曰:"欲左,左。欲右,右。不用命,乃入吾网。"诸侯闻之,曰:"汤德至矣,及禽兽。"——摘自《史记》卷三《殷本纪》

【译文】商汤外出,看见郊野张着四面罗网,张网的人祈祷说:"天下四方的鸟兽都到我的网里来。"商汤说:"唉,这样禽兽都被打光了!"于是撤去三面罗网,让人祈祷说:"想往左边走,就往左边走,想向右边走,就往右边走。不要命的,就进我的罗网吧。"诸侯听闻这件事,说:"商汤真是仁德到极点了,连禽兽都施以恩惠。"

词语积累

网开一面：商汤将捕鸟者所立的网打开一面，比喻宽大仁厚，对犯错的人从宽处置。

殷鉴不远：殷，商朝；鉴，镜子。指周朝的子孙应以商朝的灭亡为鉴戒。后泛指前人的教训就在眼前。

阵前倒戈：牧野之战中，纣王军中的奴隶本该进攻周军，却纷纷调转戈矛，直指纣王。比喻军队叛变。

酒池肉林：纣王以酒为池，以肉为林，彻夜狂欢。后比喻荒淫腐化、极端奢侈的生活。

助纣为虐：纣，纣王。帮助纣王做坏事。比喻帮助恶人干坏事。

周本纪

《周本纪》主要记载周朝的历史。周朝是我国历史上第三个奴隶制王朝,享国七百九十年。公元前1046年,周武王灭商,建国号为周,定都镐(hào)京(今西安市),公元前771年镐京陷落;公元前770年,周平王东迁,定都洛邑(今洛阳市),公元前256年,秦国灭周。因洛邑在镐京东方,故称东迁之前为西周,东迁之后为东周。其中东周又以"三家分晋"为节点,分为春秋和战国两个时期。

● 仁德文王

姬昌(约公元前1152—公元前1056年),姬姓,名昌,岐周(今陕西省岐山县)人。周朝奠基者,又称周侯、西伯、姬伯。死后谥号文王。

周的始祖姓姬,名弃,因为擅长农耕,唐尧、虞舜便设置后稷（jì）之职，让姬弃执掌农业，成为农耕始祖，被尊为农神、后稷。后稷之后几代子孙都从事农业，研究耕种，周族因此兴盛。

周族传承到姬昌时，成为商纣王在西方的大诸侯。姬昌勤于政事，广泛访求人才，影响力越来越大。纣王找借口将他囚禁起来，属臣们献上奇珍异宝，才将他解救。姬昌在狱中见识了纣王的酷刑，心下不忍，一回国就献出洛水以西的土地，请求纣王废除炮烙（páo luò）酷刑。纣王见到宝物土地，同意废除酷刑，还赐给姬昌弓箭斧钺（yuè），任他为西伯，有权征讨西方的诸侯。

西伯为人公正，诸侯都请他裁决争议。有一天，虞国和芮（ruì）国为一件小事争论不休，请西伯评判对错。他们进入周国境内，发现人人都尊重长者，友爱幼小，种田的人都互相礼让田界。两国觉得惭愧，说："我们所争的，正是周国人引以为耻的，还找西伯干什么，只会自讨耻辱罢了。"相互礼让后返回。诸侯听说了这件事，都说："西伯德行如此好，恐怕就是承受天命的君王。"于是尊他为王，是为周文王。

西伯在位大约五十年。经过积极经营，已经实现了三分天下，周有其二，但他依然以商朝的臣子自居。西伯被纣王囚禁期间，将上古流传下来用于占卜的《易》八卦推演为六十四卦，是为《周易》。《周易》集我国古代祖先的思想、智慧之大成，成为思想文化的总源泉。后来，又经过大教育家孔子编撰，成为群经之首，对后世产生了极其深远的影响。

● 武王伐纣

姬发（？—约公元前1043年），姬姓，名发，岐周人。周文王的嫡次子，西周王朝的开国君主。死后谥号武王。

武王登基后，继续实施周文王的仁德之政，任用姜太公为军师，任命弟弟姬旦辅政，国力蒸蒸日上。武王即位第九年决定伐纣，但他担忧德行不够，于是用车载着文王牌位，供在中军帐中，自称太子发，意指奉文王之命前去讨伐。武王横渡黄河，船走到河中央，有一条白鱼跳到船上，武王用它祭天。到达黄河渡口盟津（今河南省孟津县境内）之后，又有一团火从天而降，落在武王房顶上下跳动，变成一只赤红的乌鸦，发出吓人的鸣声。当时有八百多名诸侯没有约定就来了，要跟随武王讨伐纣王。武王担忧遇到的天象，说："现在还不可以。"率领军队又回去了。史称"盟津观兵"。

两年后，武王听说纣王更加昏庸暴虐，大臣与百姓纷纷逃亡,便向天下宣告:"殷王罪恶深重,不可以不讨伐了!"亲自率领战车三百辆,勇士三千人,披甲战士四万五千人,东进伐纣。军队刚渡过盟津,诸侯都赶来会合。武王向联军宣告:"殷王虐伤忠良,听信谗言,疏远亲族,天人共弃。现在我要代天行罚!"

二月甲子日的黎明,武王领军行至牧野(今河南省卫辉市境内),一手持斧,一手举旗,带领诸侯宣誓:"战

▼ 武王伐纣

时齐心,同进共退!"誓师完毕,前来会合的诸侯带领战车四千辆,摆开了阵势。纣王听说武王进攻,发兵七十万前来抵抗。纣王的军队人数虽多,却不愿意卖命,心里盼着武王赶紧打进来。他们纷纷掉转兵器,指向纣王,武王的战车畅通无阻,直接冲到朝(zhāo)歌城下。纣王自焚而死,周取代商成为天下正统。

平定商纣王的第二年,武王因操劳过度而去世。

成康之治

姬诵(?—公元前1021年),姬姓,周武王的儿子,西周第二位君主。死后谥号成王。

周成王继位时,年纪还小,且周朝建立才两年,他的叔叔周公姬旦担心诸侯叛周,于是亲自摄政。

殷商时期,王位传承遵循传弟、传子两种制度,直接导致了"九世之乱"。周公引以为戒,制定以嫡长子继承制为核心的宗祧(tiāo)制度,规定由正妻生的大儿子继承王位和财产,为王室大宗,正妻生的其他儿子及嫔妃生的庶子分封为诸侯,为王室小宗。诸侯爵位的继承,也按这个规矩,形成诸侯大宗、小宗。以此类推,一直分封到士。

嫡长子继承制有效地避免了统治阶级内部因争夺权位和财产引发的祸乱，维护了社会稳定，成为自西周以后三千余年不可撼动的核心制度。

以宗祧制度为基础，周公还制定了严格的等级，从天子到诸侯到士，各自遵循、使用不同的礼仪、居室、服饰、祭祀器具、车马、军队等，来明辨亲疏尊卑，规定行为规范，这就是礼。又根据不同的礼，制定了相关的音乐。合起来便是礼乐制度。礼乐制度被后世沿用了三千多年，影响巨大。直到今天，中国仍以"礼仪之邦"自居。

此外，周公还平定了三监之乱，营造新都洛邑（今洛阳市），巩固了西周王朝的统治。

周成王长大后，周公归政。成王生活节俭，对内践行周公"以德慎罚"的主张，大会诸侯，宣扬国威；对外用武力征讨淮夷，控制了东方。周成王死后，儿子姬钊继位，是为周康王，由召（shào）公、毕公辅佐。召公、毕公率领诸侯，陪姬钊来到祖庙，把文王、武王创业的艰辛告诉康王，告诫他要节俭寡欲，勤于政事，守住祖先的基业。

周成王与周康王统治时期，天下安宁，人民安居乐业，四十余年都没有用过刑罚，史称"成康之治"。

穆王西征

姬满（约公元前1026—公元前922年），姬姓，周文王的五世孙，西周第五位君主。死后谥号穆王，又称"穆天子"。

周穆王五十岁即位，痛惜国家势力衰微，先祖的德政遭到损害。他认为是国内治理出了问题，于是反复向朝廷官员重申执政规范；又制定《甫刑》，规定了五种刑罚，规范的审判细则达到三千多条。穆王治下，周朝一度中兴，国政清明。

周穆王志得意满，想要恢复先王时期的威势，便借口西方的犬戎没有按时进贡，准备西征。大臣祭公谋父表示反对，说："我朝先王坚持以德服人。军队要等待必要时才行动，这样才会被人惧怕。犬戎本来地处荒远，不必上贡，只要按时朝见就可以了。但现在要用不进贡的罪名征伐它们，这不是仁政。"穆王坚持己见，结果只获得四只白狼和四只白鹿回来。从此以后，各少数民族再也不来朝见周天子了。

此后，周穆王再次西征，进军至昆仑山下。这段历史被后人记录在《穆天子传》一书中。据考证，此书成书于战国时期，所记内容不一定真实，但却是最早的关于中原地区与西部地区来往的史料记载,因而具有特殊的意义。

周穆王在位五十五年,是西周在位时间最长的周王。他延续了周朝的盛世,对外多次征伐,扩大了国土,但也使周朝在周边外族中失去了威信。

厉王止谤

姬胡(?—公元前828年),姬姓,周文王的九世孙,西周第十位君主。死后谥号厉王。

周厉王贪财,听从大臣荣夷公的建议,扩大征税范围,全国的百姓无论是上山采药砍柴,还是下河捕鱼捉虾,或者狩猎鸟兽,都必须纳税。大夫芮良夫规谏厉王说:"财利来自万物所生,因此万物都应得到一份,哪能让一个人独占呢?作为君王,应该开发各种财利分发给群臣百姓。普通人独占财利,尚且被称为强盗;君主如果也这样做,那归服的人就少了。"

周厉王不听劝谏,任用荣夷公掌管国事。百姓纷纷议论厉王的过失,厉王听说后,找来一个卫国的巫师监视百姓,将议论的人立即杀掉。这样一来,议论的人少了,诸侯也不来朝拜了。厉王却沾沾自喜地跟大臣召公说:"现在没有人议论了。"召公叹息道:"堵塞言论的危害比堵塞河水还大啊。河水多了堤坝崩溃，堵塞言论也是这样的。"厉王却毫不在意。

从此之后，百姓都不敢说话，路上见到熟人只用眼神示意。过了三年，百姓一起造反，打进宫中。周厉王出逃，由召公、周公一同代理朝政，号称"共和"行政。正是从"共和"行政之年开始，我国历史有了确切的纪年，并延续至今，不曾间断。

幽王灭国

姬宫湦（shēng）（约公元前795—公元前771年），姬姓，又名宫生。周文王的十一世孙，西周第十二任君主。死后谥号幽王。

周幽王即位后贪婪腐败，不问政事，任用奸佞执掌政事。即位的第二年，都城镐（hào）京发生地震，引发泾（jīng）河、渭河、洛水一起地震，随后水源枯竭。接着，周族的发祥地岐山崩塌。有见识的大臣预感到西周即将灭亡。

周幽王即位第三年，遇到一名美女名叫褒姒（bāo sì），十分宠爱。不久，褒姒生下儿子，幽王大喜，决定废嫡立庶。根据周朝的制度，周幽王的正妻为王后，王后的儿子是嫡子，具备合法的继承权。但是，幽王废黜王后

史记（上）·周本纪

申后和太子姬宜臼（jiù），立褒姒为王后，立褒姒的儿子为太子。为了能让新太子顺利登基，周幽王还加害前太子姬宜臼，让申后的父亲申侯大为愤怒。

王后褒姒笑起来很好看，但天生不爱笑。周幽王为了博她一笑，想了很多办法，都不管用。后来终于想到一个办法，就是将京城城墙上用于战争报警的烽火点燃，外地诸侯见到烽火，知道京城遭遇战争，立即带兵进京救援。

▼ 幽王烽火戏诸侯

诸侯们风风火火地来了，却没有发现敌人，褒姒站在城楼上，看见诸侯狼狈不堪的模样，不禁哈哈大笑。幽王见状，便经常点燃烽火，终于透支了信用，诸侯们再也不来了。这就是"烽火戏诸侯"的故事。

公元前771年，申侯联合缯（zēng）国、犬戎攻打镐京，在骊（lí）山（今西安市境内）下杀死周幽王，西周灭亡。

平王东迁

姬宜臼（jiù）（？—公元前720年），姬姓，又名宜咎。周文王的十二世孙，东周第一任君主。死后谥号平王。

周幽王死后，诸侯们与申侯共同拥立姬宜臼继位，是为周平王。

周平王即位之后，镐京经过战火洗劫，已经残破不堪，同时为了躲避犬戎的侵扰，便将国都迁到东都洛邑（今洛阳市），史称东周。在抵抗犬戎的战争中，秦襄公出力最多，随后又护送平王迁都，立下大功。平王便把岐山以西的土地分封给秦国，并承诺只要赶走犬戎，这些地方全部归秦国所有。秦襄公很快攻占了岐山以西之地，秦国从此跻身大国行列。

因为周平王由诸侯拥立，而且王室实际占有的土地，只相当于一个中等诸侯国，一切政事都要经由各方诸侯的首肯，周王室因此衰微，诸侯群雄并起，我国进入了以强并弱的时代。

经典原文与译文

【原文】褒姒不好笑，幽王欲其笑万方，故不笑。幽王为烽燧大鼓，有寇至则举烽火。诸侯悉至，至而无寇，褒姒乃大笑。幽王说之，为数举烽火。其后不信，诸侯益亦不至。——摘自《史记》卷四《周本纪》

【译文】褒姒不爱笑，周幽王为了让她笑，用了各种办法，褒姒仍然不笑。幽王设置了烽火和大鼓，有敌人来侵犯就点燃烽火。周幽王为了让褒姒笑，点燃了烽火，诸侯们全都赶来了，赶到之后却不见敌寇，褒姒于是大笑。幽王很高兴，为她多次点燃烽火。后来诸侯们都不相信烽火，也更加不来了。

倒戈相向：倒，掉转；戈，兵器。掉转兵器对准自己。比喻帮助敌人反对自己。

汤武革命：汤，商汤；武，周武王。商汤与周武王以武力推翻前朝的反动统治。这两次王朝更迭打破国王永定的说法，古人认为是天命的变革，故称为革命。

放马南山：武王伐纣后，将战马放到南山下。比喻天下太平，停止战争。现形容思想麻痹。

道路以目：百姓在路上遇到不敢交谈，只是用眼神示意。形容百姓对残暴统治的憎恨和恐惧。

防民之口，甚于防水：防，阻止；甚，超过。不让百姓说话，危害超过堵塞河道。

史记（上）· 秦本纪

秦本纪

> 《秦本纪》主要记载秦国的历史。秦是周朝分封在西北地区的附庸小国，后逐渐发展为强国，最终统一天下。

● 穆公称霸

嬴任好（？—公元前 621 年），嬴姓，雍城（今陕西省凤翔县）人。秦襄公的五世孙，秦国第九任君主，春秋时期的政治家，春秋五霸之一。死后谥号穆公，又作缪（mù）公。

秦人是五帝之一颛顼（zhuān xū）的后裔，祖先大费帮助夏禹治水有功，舜帝赐姓嬴。大费的后裔非子善于养马，周孝王赐给他秦地作为封邑，让他接续嬴氏的祭祀，号称秦嬴。非子虽然有了封地，但只是附庸的身份，不是诸侯。直到西周末年，秦襄公护卫周室有功，周平王封他为诸侯，赐给他岐山以西的土地，秦国这才升级成诸侯国。

二十四史马上读,语文历史都进步

秦穆公即位时,正值春秋五霸之首齐桓公将霸业开展得如火如荼之时,齐国的声望如日中天。秦国虽然地处西陲,但也是大国之一。穆公即位不久,便采取措施,积极谋求霸主地位。秦国东边的邻居晋国,是当时的强国。秦穆公亲自向晋国提亲,迎娶晋国公主。随同公主陪嫁的一个俘虏叫百里奚,在逃跑时被楚国人捉住。穆公听说百里奚有才能,便以追捕逃奴的名义,派人到楚国用五张黑色公羊皮赎买他,成功避免了让楚国起疑。

百里奚当时已经七十多岁,秦穆公亲自请他坐下,百里奚推辞说:"我是亡国之人,没有能力。"穆公说:"国君不听取意见,不是你的罪过。"再三请他赐教,一连谈了三天,然后任命百里奚为大夫,将国家政事交给他。因为他是用五张黑色公羊皮赎买来的,所以人们便称百里奚为五羖(gǔ)大夫。百里奚谦虚地说:"我比不上蹇(jiǎn)叔。"穆公又派人带着厚礼去迎请蹇叔,让他担任上大夫。凭借这两位贤才的辅佐,秦国的国力蒸蒸日上。

秦国想成为霸主,就必须东出,而东边是晋国。秦穆公为了争霸,多次与晋国交战,都没有成效。等到晋文公去世,穆公再次东出谋求霸业,在崤〔也作殽(xiáo)〕山败给了晋军,三位将军被俘虏。后来,三位将军侥幸被晋国释放,穆公穿着丧服到郊外迎接他们,哭着说:"因

044

寡人没有听从蹇叔、百里奚的劝告,才让你们受辱。"恢复三个人的原职,更加厚待他们。

秦穆公鉴于屡屡东出受挫,终于改变策略,转而向西发展。秦国的西部,生活着很多戎狄部落与小国,经常骚扰边境,穆公重用贤臣由余,全力对付西戎,终于开辟了上千里疆土,称霸西戎。

秦穆公死后,后继君主大多碌碌无为,直到春秋结束,战国早期,秦国也没有在当时的政治舞台上有过亮眼的表现。

孝公变法

嬴渠梁(公元前381—公元前338年),嬴姓。秦襄公的十九世孙,秦国第二十五任君主。死后谥号孝公。

秦孝公即位时年方二十一岁。此前,秦国频繁更换君主,国力大降。而这时已经进入战国时代将近一百年,东边的魏国经过李悝(kuī)变法,成为战国七雄中实力最强者,不断蚕食秦国土地,两国结为世仇。加上秦国地处西方,中原各国都像对待夷狄一样对待秦国,人才也不愿意来,秦国已然沦落为实力最弱的诸侯。

面对如此危局,秦孝公立志恢复穆公霸业,开始救济孤寡,招募战士,发布论功行赏的法令,并向天下颁布求贤令:"谁能使秦国强盛,我让他做高官,分封土地给他。"

卫鞅当时正在魏国,听说了求贤令,就来到秦国,求见秦孝公。卫鞅前两次游说孝公,都讲一些老生常谈的道理,孝公听了直打瞌睡,很是生气,但想到秦国地势偏僻,好不容易来了个人才,又给了卫鞅第三次机会。这次卫鞅终于将他的主张和盘托出,提出实施变法,重新制定刑罚,在国内致力于农耕,对外鼓励死战,给普通百姓晋升爵位。

卫鞅这套富国强兵的理念和秦孝公的目的不谋而合,孝公当即决定全力支持卫鞅变法。太子触犯了法令,卫鞅说:"国君如果要实行新法,就要从太子做起。"于是孝公处罚了太子和太子的师傅。从此,法令顺利施行,百姓一开始抱怨不休,过了三年,生活富裕起来,都开始夸奖新法。

秦孝公见新法确实有用,便信守承诺,任命卫鞅担任秦国最有实权的职务——左庶长。之后卫鞅废除井田制,施行新赋税制度;废除分封,施行郡县制,将变法进一步深入。有人向孝公进献谗言,说此举损害了君主的利益,但孝公不为所动,还加封卫鞅为列侯,赐给他商於(wū)十五座城邑,号为商君,人们也称他为商鞅。

▲ 孝公与商鞅谈论变法

秦孝公重用商鞅变法长达二十余年，极大地激发了百姓种地、打仗的积极性，彻底扭转了秦国贫弱的局面，这是我国历史上最成功的变法之一。

🟢 惠文称王

嬴驷（公元前356—公元前311年），嬴姓。秦孝公的儿子，秦国第一位秦王。死后谥号惠文王。

嬴驷十九岁即位，称惠文君。当时商鞅的威信很高，惠文君很忌惮。商鞅变法虽然使秦国国力大增，但却极大地损害了秦国旧贵族的利益，他们趁着新君即位，污蔑商鞅谋反，惠文王为了巩固自己的地位，趁机抓捕商鞅，处以车裂之刑，但继续实施新法。

秦惠文君巩固权力之后，接连向死敌魏国发起进攻，屡屡获胜。不仅将之前丢失的河西之地全部收回，还深入魏国境内，取得了河东之地，在黄河东岸建立了前进基地。

秦国的骤然强大，让东方六国极其恐惧，于是东方六国组成联军攻秦，称为合纵。秦惠文君为了破解六国合纵，面向各国招揽人才，得到当时有名的纵横家张仪。张仪提出连横之策，逐个游说分化各国，使得各国反而主动割地贿赂秦国，以求一时之安。秦惠文君非常高兴，请张仪出任国相，位居百官之首。秦惠文君即位的第十四年，效仿六国的做法，正式称王，成为秦国的第一位秦王。

当时，唯一有实力与秦国抗衡的国家便是楚国。为了削弱楚国，秦惠文王派遣张仪出使楚国，先诱使楚国与齐国绝交，又想办法激怒楚怀王，冒险攻秦。秦军早有准备，大败楚军，占领楚国汉中（今陕西省汉中市）之地，使得楚国一蹶不振。

秦惠文王又重用司马错，南下攻占巴国、蜀国，将秦国的关中、汉中与巴蜀连成一片，不仅扩大了疆域，而且位居长江上游，对东方六国取得了居高临下的战略态势。

义渠是匈奴的分支，是秦国西北部最大的少数民族政权，凭借强大的骑兵，常常到边境劫掠。秦惠文王采用公孙衍的策略，以烧荒之法对付他们，并趁义渠内乱之际，一举削弱其势力，最终将义渠变为秦的郡县，占有了大片优良的牧场。

秦惠文王在位期间，坚持新法，大胆用人，四面出击，使秦国一跃成为当时最强大的国家。

昭王奠基

嬴稷（公元前325—公元前251年），嬴姓，又名则。秦惠文王之子，在位五十六年，是秦国历代君王中在位时间最长的一位。死后谥号昭襄王，又称秦昭王。

秦昭王早年在燕国为人质，他的哥哥秦武王去世，没有儿子，群臣便拥戴他即位。秦昭王在朝中没有根基，年纪也轻，政事取决于母亲宣太后、舅舅魏冉。第二年，公子嬴壮联合大臣、诸侯造反，昭王处理果断，夺回部分权力，从此崭露头角，展现出高超的政治手段和军事才能。

秦昭王即位时，距离秦孝公变法已经五十余年，秦国的国力持续增强，形成一家独大的局面。东方六国也先后不同程度上实施了变法，国力有所提升。七大战国进入了最血腥的相互攻杀、比拼韧劲的相持阶段。

为了能坚持到最后，各国相互之间时而结盟，时而敌对，为了消灭敌人、保存自己，无所不用其极。秦昭王亲政后，与楚王结盟，将上庸郡（今湖北省竹山县）给了楚国。齐、魏、韩三国担心秦楚联盟势力过大，联合攻楚，秦国发兵救楚，攻占了魏国的蒲阪（今山西省永济市）等地。几国又图谋联合抗秦，昭王马上归还蒲阪，瓦解了联合之势。再借机与魏国联盟，并与韩、魏、齐联合攻打楚国，大伤楚国后转头攻打韩国，攻占了大批土地。类似的事件几乎时时都在上演。

秦昭王任用范雎（jū）为相，实施"远交近攻"的战略，即首先击败赵国、韩国，稳住楚国、魏国，置齐国、燕国于不顾，从而有效地巩固了占领的土地，破坏了六国合纵联盟，促进了秦国统一的步伐。

军事方面，秦昭王提拔平民出身的将领白起。白起先后发起对韩、魏联军的伊阙之战，对齐国（五国联合）的讨伐之战，对楚国的鄢郢（yān yǐng）之战，对魏、赵联军的华阳之战，对赵国的长平（今山西省高平市境内）之战，杀敌超过一百万。昭王晚年，派兵攻灭东周，将九鼎迁到都城咸阳（今咸阳市），宣誓了秦国统一天下的决心与意志，延续近八百年的周朝正式终结。

秦昭王经过长达半个多世纪的经营，秦国以一国之力拖垮了东方六国。他去世四年后，重孙嬴政即位，仅用十年时间便统一了全国。因此，后世评论说，秦昭王末年，秦对六国的战争已经取得了决定性胜利。

经典原文与译文

【原文】初，缪公亡善马，岐下野人共得而食之者三百余人，吏逐得，欲法之。缪公曰："君子不以畜产害人。吾闻食善马肉不饮酒，伤人。"乃皆赐酒而赦之。三百人者闻秦击晋，皆求从，从而见缪公窘，亦皆推锋争死，以报食马之德。——摘自《史记》卷五《秦本纪》

【译文】当初，秦缪公丢失了良马，岐山下的三百多个村野之人一块儿抓住它吃了，官吏捉到他们，准备法办。缪公说："君子不能因为牲畜产业而损伤别人。我听说吃了良马肉不喝酒，会伤身。"于是赐酒给他们喝并赦免了他们。这三百人听说秦国攻打晋国，都恳求从军，后来他们发现缪公被敌人包围，都高举兵器争先死战，来报答吃马肉被赦免的恩德。

合纵连横：合纵，东方六国南北排开，联合对付秦国，称合纵；连横，秦国在西方，齐国在东方，秦、齐经常拉拢中间一些国家，共同进攻别国，称连横。这是战国时期纵横家提倡并实施的一种外交和军事策略。

朝秦暮楚：朝，早上；暮，晚上。秦楚两国争霸，其他各国根据自己的利益，一会儿倾向秦国，一会儿倾向楚国。比喻没有原则，反复无常。

秦晋之好：秦，秦国；晋，晋国。秦晋两国曾经连续好几代互相通婚。泛指两家联姻。

勠（lù）力同心：勠，合并。齐心合力，团结一致。

史记（上）·秦始皇本纪

秦始皇本纪

> 嬴政（公元前259—公元前210年），嬴姓，赵氏，名政，出生于赵国邯郸（今河北省邯郸市）。秦昭王的曾孙，杰出的政治家、战略家、改革家，第一个完成秦国大一统并自称"皇帝"的君王，故称"始皇帝""秦始皇"。因为秦始皇开创了一个时代，而不是简单地继承秦国的基业，故司马迁将其单独叙述。

❀ 千古一帝

嬴政的父亲嬴异人作为王室子弟，被派往赵国作人质，处境十分艰难。卫国商人吕不韦在邯郸做生意，了解嬴异人的情况后，认为他奇货可居，决定对他进行"投资"，将自己的姬妾赵姬送给嬴异人，赵姬生下了嬴政。吕不韦又帮助嬴异人回到秦国，即位为秦王，是为秦庄襄王。

秦庄襄王在位三年后去世，嬴政即位，时年十三岁。

二十四史马上读,语文历史都进步

因为年纪小,政事都由相国吕不韦处理,军事则由蒙骜(áo)、王齮(hé)等将军负责。

几年之后,支持嬴政的将军们陆续去世,宦官嫪毐(lào ǎi)凭借赵姬的宠爱,权势越来越大,吕不韦又完全控制了政事,嬴政十分被动。嬴政不动声色,册封嫪毐为长信侯,下令无论是出行、狩猎还是其他宫内事务,全部由嫪毐决定,甚至将河西太原郡(今山西省大部)改为嫪毐的封国。嫪毐十分得意,自称嬴政的继父,开始干预国事,屡次与吕不韦发生冲突。

嬴政二十二岁时,举办了加冠礼,配上佩剑,表示已经成年,可以开始亲政。嫪毐慌乱之下盗用秦王大印和太后的印玺,发动部众和侍卫造反。嬴政提前收到消息,迅速平定了叛乱,并授予平叛者高爵厚赏,树立了威信。因为嫪毐最早是吕不韦推荐入宫的,嬴政以此为借口逼吕不韦自杀。自此,嬴政开始大权独揽。

不久,秦国发现韩国派遣水工郑国来修渠,是为了削弱秦国,嬴政因此下令驱逐所有在秦国任职的六国人。客卿李斯呈上《谏逐客书》劝阻此事,嬴政醒悟,立即终止驱逐令,重新重用来自各国的人才,李斯因此获得嬴政进一步的信任。

秦国从孝公变法之后,经过几代国君的经营,到嬴政

史记(上)・秦始皇本纪

继位时,已经是各国中最强大的国家。而列国经过持续不断的战争消耗,国力逐渐衰微。嬴政面对如此大好局面,决心剑指中原,一统天下。

嬴政首先重用李斯总管政务,制定了灭六国的总战略。又重用尉缭为国尉,总管军事,大量贿赂六国权贵,先后派出王翦(jiǎn)、王贲(bēn)、杨端和、李信、蒙恬等将领出兵中原。用十年时间先后灭掉了韩、赵、魏、楚、燕、齐等六国,于公元前221年统一天下。

▼ 秦始皇一统天下

嬴政攻灭六国之后，觉得自己比上古时代的三皇五帝还伟大，"秦王"这个称号不足以彰显他的功业，便合并三皇五帝的称号，称为"皇帝"，并自称"始皇帝"。又下令废除谥法，即位的子孙称为"二世皇帝""三世皇帝"，直至万世，传之无穷。从此，后世帝王都自称"皇帝"，嬴政也成为名副其实的"始皇帝"。

秦始皇虽然在军事上统一了天下，但各诸侯国在政治、经济、文化等诸多领域都发展出了自己的制度，如果不迅速整合，军事上取得的胜利成果势必不保，大一统的局面无法维系。为此，秦始皇询问群臣应该怎么办？一些大臣主张实施分封制，李斯极力反驳，认为周朝分封了很多同姓诸侯，等到后代的关系疏远，就开始征战不休，连周天子也无法禁止，唯有将天下划分为郡县，受同一个制度的约束，才是安定天下的好办法。

秦始皇觉得李斯有道理，将全国分为三十六郡，郡下设县，郡有郡守，县有县令，负责处理地方政务，统一听从中央调令；在中央实行三公九卿制，管理国家事务。下令统一法令、度量衡标准；废除六国的文字，统一使用隶书；群臣朝见拜贺都定在十月初一这一天；衣服、符节和旗帜的装饰，都以黑色为尊；全国的车宽都统一为六尺，规定六尺为一步；修建通往全国各地的驰道。秦始皇下令制定严密的法律，规定所有事情都依法律决定。这一整套从中央到地方的集权制度，由皇帝处于权力中枢发布政令，全国实施同一套法律，使用相同的文字，真正实现了统一。从此，这套制度在我国生根发芽，一直沿用了两千多年，对后世产生了巨大的影响。

有一年，秦始皇宴请群臣，齐人博士淳于越当众对郡县制提出异议，认为应效仿周朝实施分封制，秦始皇下令群臣商议。丞相李斯坚决反对，认为历朝历代都根据实际情况制定治理的办法，愚昧的儒生不懂时局，一味学习古代，蛊惑人心，应该予以禁止。同时，李斯建议收取诸子百家的著作焚烧，只允许保留医药、占卜、农业种植类书籍，秦始皇批准。焚书虽然暂时起到了统一思想的作用，但也给我国文化事业造成了灾难性后果。

秦始皇晚年沉迷于寻找长生不老之药，一些方士为了迎合他，谎称能找到这种药。焚书事件的第二年，这些方士便逃之夭夭，并到处诽谤秦始皇。秦始皇大怒，给他们定了妖言惑众的罪，下令追查，查到四百多人，全部在京城咸阳（今咸阳市）活埋。这便是坑儒。据今人考证，坑杀的人主要是方士，而非儒士。而"焚书坑儒"事件在汉朝之后，被宣传为秦朝的暴政之一。

有一个燕国方士叫卢生,奉命占卜得到一句话:"亡秦者胡也。"胡是什么意思?秦始皇第一个想到的就是胡人,西周就是被犬戎灭亡的,六国也都修筑了城墙来阻挡胡人入侵,秦国世世代代都跟犬戎作战。秦始皇对此太熟悉了,派将军蒙恬率兵三十万攻打北方的匈奴,夺取了黄河以南的土地。为了防止匈奴卷土重来,又命蒙恬将六国的城墙连接起来,历时多年,建造起连绵万里的防御工事——长城。长城不仅是中国而且是世界上修建时间最长、工程量最大的古代防御工程。

此外,秦始皇还修筑了巡行的驰道和求仙的天桥宫殿,又在骊(lí)山为自己修建陵墓,耗时近四十年。又修建阿房宫,工程量巨大,百姓劳役很重,怨声载道。

公元前210年,秦始皇在第五次巡游途中驾崩,幼子胡亥在宦官赵高、丞相李斯的帮助下矫诏篡位。胡亥无力威慑百姓,一年后,陈胜、吴广起义,得到了天下百姓响应,义军四起,仅仅四年之后,秦朝灭亡。

有人说,"亡秦者胡也"的"胡"是指胡亥。或许,这里的"胡"只是一个疑问、一个反思。

秦始皇以巨大的政治魄力,大刀阔斧地进行了一系列前无古人的改革,奠定了我国两千多年封建社会的基石,不愧"千古一帝"的称号。

经典原文与译文

【原文】高乃与公子胡亥、丞相斯阴谋破去始皇所封书赐公子扶苏者,而更诈为丞相斯受始皇遗诏沙丘,立子胡亥为太子。更为书赐公子扶苏、蒙恬,数以罪,赐死。——摘自《史记》卷六《秦始皇本纪》

【译文】赵高于是与公子胡亥、丞相李斯密谋拆开秦始皇密封的那封赐给公子扶苏的信,改为谎称李斯在沙丘(今河北省邢台市境内)接受秦始皇的遗诏,册立皇子胡亥为太子。又写了一封信给公子扶苏、蒙恬,列举他们的罪过,赐死他们。

书同文,车同轨:书,书写;轨,车轨。书写同样的文字,车轨的宽度相同。比喻国家统一。

高悬秦镜：秦镜，传说秦始皇有一面镜子，高挂能照见人心善恶。比喻官员公正断案，严明执法。

衡石量（liàng）书：衡石，称重的器具；量，称量。古代的文书写在竹简、木札上，用衡石称量文书的重量，秦始皇处理文书达不到规定的重量，自己就不休息。形容君主勤于政事。

泰山封禅（shàn）：泰山，五岳之首，在今山东省泰安市境内；封，祭天；禅，祭地。古代帝王在泰山祭祀天地，汇报自己的功劳。

指鹿为马：赵高想要作乱，指着鹿说是马，在朝堂上让群臣自认；不顺从的人被他借故惩处，大家都开始畏惧他。比喻故意颠倒黑白，混淆是非。

项羽本纪

> 项羽（公元前232—公元前202年），姬姓，项氏，名籍，字羽，出生于泗水郡下相（xiàng）县（今江苏省宿迁市）。著名政治家、军事家。

西楚霸王

项羽是楚国名将项燕的孙子，小时候学习经常半途而废，叔父项梁很生气。项羽说："学书法没有用，会写名字就行了；剑术只能对付一个人，也不值得学。我要学习能敌万人的本事！"项梁便教他兵法，但是刚了解了一点大意，项羽又不学了。

有一年，秦始皇巡游天下，路过吴中郡，项羽和项梁在一旁围观。项羽看到壮观的仪仗队，指着秦始皇说："我可以取代他！"项羽长大后，身高八尺多，力大能举鼎，才气过人，吴中郡的少年子弟都很忌惮他。

公元前209年,陈涉等人揭竿起义,天下纷纷响应,项羽也跟随项梁起兵反秦。因为项家世代都是楚国大将,在各路义军中很受尊重和信赖,许多队伍主动来投靠,其中包括汉高祖刘邦。

居鄛(cháo)县(今安徽省巢湖市)的范增游说项梁,应该从民间找到楚怀王的嫡孙,袭用楚怀王的名号,必定更有号召力。于是项梁找到楚怀王嫡孙熊心,袭用他祖父的谥号,立他为楚怀王。

项梁与秦军作战,连连取胜,因轻敌而战死,楚军士气低落。这时,秦将章邯(hán)击败了陈胜,又攻破邯郸(今河北省邯郸市),率领二十万士卒,将赵军包围在巨鹿(今河北省邢台市境内)。

另一位秦军将领王离也率领二十万士卒,与章邯构成掎(jǐ)角之势,赵军向各地起义军求援。

楚怀王提拔亲信宋义为主将,前去救援巨鹿,宋义见秦军人多,不敢前进。当时天气寒冷,下着大雨,士卒们只能拿野草和杂豆煮了吃,宋义反而在军中大宴齐国宾客。

项羽十分愤怒,借口参见宋义,闯进军帐中,一剑斩下他的头,发令说:"宋义和齐国同谋反楚,楚王密令我处死他。"将领们都畏服项羽,一起拥立他为主将。

项羽马上派遣两位将军率领两万人渡过漳河,刚获得一些小胜，又接到赵军的增援请求。项羽大宴全军，酒足饭饱之后，下令只携带三天的干粮，全军渡过漳河。

渡河之后，又下令凿沉船只，砸碎行军锅碗，烧毁行营。楚军见退路已断，士气倍增，奋起死战，摧毁了章邯、王离两军之间的粮道，强占秦军粮草，大败秦军。

战前，来援救巨鹿的诸侯有几十路，都畏惧秦军，不敢前进。楚军攻击秦军时，大家都在营垒中观望。看到楚军无不一以当十，杀声震天，各军胆战心惊。

打败秦军后，项羽召见诸侯将领，众将都跪着用膝盖行走，没有人敢抬头仰视他。自此，项羽成了各路诸侯的盟主。

当初，楚怀王与众将约定，分路进攻秦军，先打入函谷关（今河南省三门峡市境内），占领京城咸阳（今咸阳市）的为王。项羽在巨鹿击败秦军主力，到函谷关发现汉高祖刘邦先进入了咸阳。

项羽非常生气，屯兵在咸阳城外的鸿门，大宴三军，下令休整完毕进攻汉高祖。范增建议说："刘邦在山东时，喜欢财物和美女，现在入关了，财物也没拿，美女也没要，他的志向不小，一定要一击必杀。"

项羽的叔父项伯和汉高祖麾下的谋士张良要好，连夜劝说张良逃走，张良将消息告知了汉高祖，汉高祖连忙请项伯找项羽说情。

第二天一大早,汉高祖带着一百多名骑兵前来谢罪,以臣自称,声称自己只是暂时保管关中地区(今陕西省中部),不敢称王。项羽留他宴饮,席上,范增再三示意杀了汉高祖,项羽视而不见。

范增十分生气,召项庄入席舞剑,让他趁机杀了汉高祖。项伯见势不妙,也起身一起舞剑,不断替汉高祖掩护,

▼ 楚霸王的鸿门宴

项庄始终没有找到机会。张良连忙出帐，找来汉高祖的猛将樊哙（kuài）助阵。

樊哙手持剑盾闯入营帐，怒发冲冠地指责项羽，项羽见他是位壮士，赏赐酒肉，命他陪坐。汉高祖趁机借口上厕所，独自逃跑。范增气得将汉高祖送的礼物摔到地下，怒骂项羽。

项羽进入咸阳，杀了秦王子婴，火烧秦宫，自立为西楚霸王，统治九个郡，建都彭城（今徐州市）。汉高祖先入关中，按约定应该封为汉王，范增担心他据有天下，劝说项羽给他巴、蜀、汉中的土地，将关中的土地分别封给秦朝的三名降将，以阻断汉高祖的东出之路。其他诸侯则根据功劳、关系分封土地。

诸侯们都想拥有更多的土地，暗地里互相侵占，后来都公开反叛项羽，汉高祖借机占领了关中地区。项羽命手下阻挡汉高祖，汉高祖辩解说自己只想要关中，项羽相信了他，先去攻打其他诸侯。

汉高祖趁机收拢五路诸侯攻打楚国，一直打到彭城。项羽掉头攻打汉军，从早晨开始向东推进，中午就打到了彭城，汉军四处逃散，十余万汉军掉进睢（suī）水，以至睢水被堵塞。楚军把汉高祖里外围了三层。

正在这时，狂风从西北方刮起，楚军大乱。汉高祖趁机带领几十名骑兵慌忙逃离战场,连父亲和妻子都丢下了。

汉高祖兵败后,诸侯纷纷归附项羽,他也想与项羽讲和,范增不同意。于是汉高祖派人离间项羽和范增,范增被气死,但汉高祖仍然不是项羽的对手。

楚、汉相持到第四年,双方互有胜负,天下人厌倦了战争。项羽对汉高祖说:"天下纷争,只因为我们两人。我们单挑,再不要让百姓受苦。"汉高祖一口回绝。

不久,汉高祖的大将军韩信攻占了齐国、赵国,又击败了项羽的大将。项羽亲自出战,汉军退走。项羽连年在外征战,兵疲马困,粮草告绝,于是和汉高祖签下和平条约,以鸿沟为界,中分天下。

不料,汉高祖趁项羽带兵返回东方时,马上撕毁条约,联合其他诸侯攻楚,组织了六十万军队,在垓(gāi)下(今安徽省固镇县境内)将项羽团团围住。

深夜,汉高祖让士兵唱起楚国的歌谣,听到四面传来楚歌声,项羽大为吃惊,说:"难道汉军已经完全取得了楚地?怎么楚国人这么多呢?"项羽在帐中饮酒,看着身边的美人虞姬、名马乌骓(zhuī),慷慨悲歌:"力能拔山,气能盖世,怎么时运不济啊,乌骓你怎么不往前闯啊!虞姬呀虞姬,怎么安排你才好啊?"项羽唱了几遍,眼泪一道道流下来,身边的人也跟着哭泣。

项羽领兵趁夜突破重围，但迷了路，最后只剩下二十八人。天快亮时，汉军发觉，几千人前来追赶。项羽对骑兵说："我起兵反秦至今，大小七十多战，没有败绩。现在天要亡我，我们最后打一场痛快仗，看我给诸位拿下汉将！"于是领着骑兵几进几出，汉军像草一样被击倒，项羽杀死好几个汉将，一百多名汉军，仅仅损失两名骑兵。

　　这时，项羽冲到了乌江边，乌江亭长请求项羽马上渡江，以图东山再起，项羽笑了笑说："江东子弟八千人同我一起西征，如今没有一个人回来，我有什么颜面去见江东父老？"把乌骓马送给亭长，对汉军司马吕马童说："我认识你，我听说汉王用黄金千斤、封邑万户悬赏我的脑袋，这份好处就送你吧！"说完拔剑自刎而死。

　　项羽趁秦末大乱，凭借卓越的战功，由一介布衣成为西楚霸王，灭亡秦朝，功不可没。但他以战功自傲，不懂得任用贤才、实施仁政治理天下，失败也就在所难免了。

经典原文与译文

【原文】是时，赤泉侯为骑将，追项王，项王瞋目而叱之，赤泉侯人马俱惊，辟易数里，与其骑会为三处。

二十四史马上读，语文历史都进步

汉军不知项王所在，乃分军为三，复围之。项王乃驰，复斩汉一都尉，杀数十百人，复聚其骑，亡其两骑耳。乃谓其骑曰："何如？"骑皆伏曰："如大王言。"——摘自《史记》卷七《项羽本纪》

【译文】当时，赤泉侯杨喜担任汉军骑兵将领，追赶项王，项王瞪眼呵叱他，赤泉侯和他的马都吓坏了，退避好几里地，项王与自己的骑兵在三处会合。汉军不知项王在哪里，就把部队分为三部分，重新包围上来。项王于是驰马奔跑，又斩杀一名汉军都尉，杀死了一百多人，重新聚拢他的骑兵，仅仅损失了两个人。于是项王问骑兵们道："怎么样？"骑兵们都佩服地说："和大王说的一样。"

词语积累

锦衣夜行： 身穿华丽的衣服在夜间走路。比喻享有荣华富贵却不在别人面前显示。

江东父老：江东，长江从九江市至南京市一段，由西南往东北流，故将东岸地区称为江东，又称江左。指家乡的父老兄弟。

作壁上观：项羽与秦军作战，诸侯们躲在壁垒观看。比喻自己置身事外，不协助任何一方。

四面楚歌：四面八方响起楚地的歌声。比喻四面受敌，陷入绝境。

沐猴而冠：沐猴，猕猴；冠，帽子。猕猴戴着帽子，装扮成人的样子。比喻表面上装扮得像个人物，实际上没有真本事。

霸王别姬：霸王，指项羽；姬，项羽的爱妾虞姬。项羽兵败，与虞姬诀别。形容英雄末路的悲壮情景。

"世家"为《史记》五种体裁之一，主要记载西周到西汉初期各主要诸侯国的兴衰。这些诸侯国的诸侯都是"王侯开国，子孙世袭"，因此称为"世家"。但司马迁并不拘泥于此，特意将不是诸侯，但作出了巨大贡献的孔子、陈涉也列入其中。

等到秦始皇兼并六国，在全国废除分封，设立郡县，世袭贵族遭遇空前打击。汉朝建立后，采取分封与郡县并存的制度，贵族势力得到恢复，但终究敌不过历史潮流，慢慢退出历史舞台。因此，后世正史也不再使用"世家"这一体例。直到欧阳修撰写《新五代史》，才重新采用"世家"为地方割据政权立传。如《南唐世家》，记载由李氏割据江南建立的南唐政权历史；《楚世家》，记载由马氏割据湖南建立的南楚政权历史。

吴太伯世家

> 《吴太伯世家》记载从吴太伯远避江东建立吴国到吴王夫差亡国（公元前12世纪—公元前473年），长达七百余年的兴亡史。因为吴太伯避位让国的德行，位列世家第一。

吴氏兄弟让国

吴太伯（生卒年不详），姬姓，吴氏，名泰，又称吴大伯、泰伯。周太王古公亶（dǎn）父的大儿子，吴国开国之君，东吴文化的宗祖。

吴太伯的父亲周太王是周部落的首领，有三个儿子，分别是吴太伯、仲雍、季历。季历贤明，季历的儿子姬昌又有圣德，太王经常感慨："我的后代中能成大事的也就姬昌了吧。"周部落的传统是大儿子继承首领之位，太伯和仲雍明白父亲的心意，于是逃到荆蛮地区，学习当地蛮人在身上刺满花纹、剪断头发，表示不能继位。荆蛮人钦佩太伯的德行，愿意追随，尊称他为"吴太伯"，国号句（gōu）吴。

吴太伯没有儿子，死后由仲雍即位。周武王伐纣之后，寻找太伯、仲雍的后人，找到了仲雍的四世孙周章，此时周章已经是吴君，就将他封在吴地，位列诸侯。

吴国传到寿梦时，已经是第十九代君主，寿梦接纳楚国流亡大夫申公巫臣，从此开始兴起，与中原交往，自称吴王。

吴王寿梦有四个儿子：诸樊、余祭（zhài）、余眜、季札。季札最贤能，寿梦想让他继位，但季札不答应，于是大儿子诸樊继位。诸樊知道父亲想要让季札继位，服丧期一满，就要把君位让给季札。季札推辞说："长子即位是理所当然的，我当国君不合礼节。"吴国人坚持要立季札，他就抛弃家室财产去当农民，吴国人只好放弃，将季札封在延陵，号为延陵季子。

众兄弟都想实现父亲的遗愿，诸樊逝世后，将王位传给弟弟余祭，余祭又传给余眜，余眜要传给季札，季札还是避不接受，吴国人无奈，拥立余眜的儿子姬僚为吴王。

季札识乐劝人

季札（生卒年不详），姬姓，又称公子札、延陵季子、州来季子等。吴仲雍的十九世孙，春秋时期吴国贵族，思想家、外交家、文艺评论家。

吴王余祭四年，季札出使鲁国，因为鲁国完整保存了周朝的礼乐制度，季札请求欣赏周朝的宫廷音乐。鲁国乐工演唱了《周南》《召（shào）南》，季札听完之后说："美妙啊！初始的基业已经奠定，还没有最后取胜，乐声中透露出辛劳而无怨的心情。"听完《郑风》，季札皱着眉头说："政令苛刻细致，民众无法忍受，这个国家恐怕要先灭亡了。"又演唱《齐风》，季札赞扬道："曲调气势磅礴，有大国风范，是姜太公的遗风吧！国家的前途无可限量！"又演唱《秦风》，季札说："这就叫作夏声。能演化为夏声的国家必定会日益强大，大到极点，就像周朝当初创下的伟业一样。"又演唱《魏风》，季札点评道："博大宽和，勤俭朴实，这个国家将成为盟主。"听完《陈风》，季札断言陈国将亡。鲁国人见他的点评切中命脉，惊异又佩服，又演唱《雅》和《颂》，表演了祭舞，季札称赞《雅》《颂》是音乐的极致，代表着圣人们都具备的广施仁爱、取用不贪、遵循法度的品德。又感慨道："韶舞是美德的巅峰啊,像天地一样,无所不覆盖,无所不承载,没有其他美德可以超过它,欣赏到这里就可以停止了,再有其他音乐,我也不敢再欣赏了。"

季札来到齐国,劝说国相晏子交出封邑和官职,以免除祸患,因为齐国政权快要易手了。不久,齐国果然大乱,晏子得以免祸。季札到达郑国,见到大夫子产,预言他将要担任国相,劝他以礼治国。季札路过晋国,

▼ 季札挂剑

预言晋国政权要落入韩、赵、魏三家手里，劝说大夫叔向避祸。

季札刚出使时曾拜访徐国，徐国国君很喜欢他的宝剑，但是嘴上没说。季札心里明白，因为要去中原出使还需用剑，所以也没有提出这个事。等到季札出使回来，徐国国君已经死了，季札解下宝剑悬挂在徐君墓地的树木上。随从人员说："徐君已经死了，宝剑还能给谁？"季札说："我当时心里已经答应了徐君，虽然他已经死了，我不能违背诺言。"

季札多次出使各国，因其让国的美名和高尚的品行，赢得了各国君主的尊重。

阖闾兄弟阋（xì）墙

阖闾（hé lú）（公元前537—公元前496年），又作阖庐，姬姓，吴氏，名光。吴王诸樊的儿子，吴王姬僚的堂兄。

姬僚继位之后，姬光一直愤愤不平，说："我父亲兄弟四人，约定传位给叔父季子，现在季子不当国君，应该由我来继位。"楚国大臣伍子胥（xū）逃到吴国后，受到姬光的礼待，他猜测姬光有所图谋，将勇士专诸介绍给他。公元前515年，吴王姬僚借着楚国国丧，派出两个弟弟攻楚，又派季札出使晋国。姬光见国内空虚，立马告诉专诸。

四月的时候，姬光让甲士埋伏在地下室，请姬僚来宴饮。姬僚派出很多警卫，从王宫一直布满到姬光的家中，人人手持武器。宴席开始不久，姬光借口脚疼，藏进地下室，专诸将匕首藏进烤鱼腹内，装扮成厨师，将鱼送到姬僚面前，从鱼腹中取出匕首，刺杀了姬僚。之后姬光自立为吴王，是为阖闾。

阖闾即位后，重用伍子胥、孙武等人，国力迅速强大。此后，他指挥军队不断伐楚，诛杀了逃亡到楚国的几位吴国公子，又联合唐国、蔡国西进伐楚，一直打到楚国国都。

南方的邻国越国趁着吴国国内空虚，举兵伐吴，秦国又出兵援楚，阖闾两面受敌。阖闾的弟弟夫概趁机跑回国内，自立为王。阖闾听说后，领兵返回，攻打夫概，夫概逃往楚国。

夫差盛极而亡

夫差（？—公元前473年），姬姓，吴氏，姑苏（今苏州市）人。吴王阖闾的儿子。

吴国、越国交战，吴王阖闾身受重伤后死去，死前立夫差为王，问他："你敢忘了越王勾践杀了你父亲吗？"夫差答道："不敢忘！"

夫差继位后坚持练兵，重用父亲留下的大臣伍子胥、伯嚭（pǐ），立誓报仇。两年后，夫差出动全部精兵伐越，越王勾践带着仅剩的五千甲兵躲进会（kuài）稽城（今绍兴市），派大夫文种贿赂伯嚭，请求越国作为吴国的附庸。伍子胥提议杀了勾践，夫差不听。

之后十年，夫差伐齐、攻鲁，连年获胜，成为周边势力最强大的国家。夫差得意洋洋，带领国内精兵，北上与诸侯会盟，想要与晋国争夺霸主之位。夫差说："周宗室里，我的先祖是长子。"晋定公说："姬姓诸侯里，我先祖的地位最高。"而勾践趁机攻打吴国，吴军连连战败，连太子都被俘虏，晋国也扬言要攻打吴国。夫差为了封锁消息，连杀七名报信的使者，还是让晋国当了盟主。

夫差在外多时，士兵疲惫不堪，国内空虚，只能送上厚礼与越国讲和。几年后，勾践再次伐吴，几仗就打败了吴国，想把夫差流放到甬东（今浙江省舟山市），给他一百户人家。夫差说："我老了，不能侍奉越王了。后悔没有听从伍子胥的建议，到了如此地步。"于是自刎而死。

吴国因为兄弟推位让国的美德，才有了日后的兴盛。可惜后人没有遵循先祖的美德，兄弟相争，抢夺王位，最终导致灭亡。

二十四史马上读,语文历史都进步

经典原文与译文

【原文】吴王不听,使子胥于齐,子胥属其子于齐鲍氏,还报吴王。吴王闻之,大怒,赐子胥属镂(lòu)之剑以死。将死,曰:"树吾墓上以梓(zǐ),令可为器。抉吾眼置之吴东门,以观越之灭吴也。"——摘自《史记》卷三十一《吴太伯世家》

【译文】吴王夫差不听劝谏,派伍子胥出使齐国,伍子胥将儿子委托给齐国鲍氏,回来报告吴王。吴王听闻后,大怒,赐给伍子胥属镂剑,命令他自杀。伍子胥临死前,说:"在我坟上种上梓树,让他们生长到可以制器的时候。把我的眼睛挖出来放在吴都东门上,让我看到越国怎样灭掉吴国。"

季札挂剑:又作松枝挂剑。指重友谊、重信用的美德。

一见如故：故，老朋友，第一次见面就像老朋友。比喻初次相见就心意相通。

叹为观止：叹，赞叹；观止，看到这里就够了。赞叹所见的事物尽善尽美，好到了极点。

施而不费：施，给予；费，耗费。给了别人好处，自己却没有损失。

泱泱大风：泱泱，宏大的样子。气势恢弘的大国风范。

自郐（kuài）以下：郐，郐国。季札评论各国的乐曲，从郐国开始不给予评论。比喻从某某以下就不值得评论了。

燕巢于幕：巢，筑巢；幕，帷幕。燕子将鸟巢做在帐幕上。比喻处境十分危险。

齐太公世家

《齐太公世家》记载自西周初年姜太公开始，到齐康公身死国灭（公元前1046—公元前379年），六百六十七年姜姓齐国的兴亡史。姜姓齐国是春秋第一个霸主，之后被田氏取代。

姜太公钓鱼

姜尚（？—约公元前1015年），姜姓，吕氏，字子牙。周初杰出的政治家、军事家，兵学奠基人，周朝开国元勋、首席智囊，姜齐开国君主。死后谥号太公。

姜尚的先祖曾经辅佐夏禹治水有功，被封在吕地（今河南省南阳市），也称为吕尚。他出生时，家境已经败落，但刻苦学习，研究安邦治国之道，直到七十多岁，依然穷困潦倒，在家闲居。

时值商朝末年，商纣王统治残暴，西边的周国逐渐崛起，国主姬昌一心求贤，准备一统天下。有一天，姬昌卜了一卦，说"出门狩猎所得非龙非螭（chī），非虎非熊，是一个能辅佐其成就霸王功业的大才"。

姬昌马上带上礼物，乘坐马车出门，在渭水边遇到一个须发皆白的老人正在钓鱼。老人穿得破破烂烂，鱼钩是直的，也没有鱼饵。姬昌上前劝他说："老人家，这样是钓不到鱼的。"老人笑了笑说："愿者上钩。"

姬昌觉得这就是他要找的贤人，就跟老人闲谈起来，老人果然上知天文、下知地理，谈起政事头头是道。姬昌大喜过望，说："自我国先君太公就说，会有一个圣人来周，周族会因此兴旺，说的就是老先生吧！"便称老人为太公望，将他迎上马车，尊为太师。这位老人就是姜尚。

姜尚教导姬昌用兵与权谋，以德政推翻商朝。在姜尚的谋划下，三分之二的诸侯都归心向周。姬昌死后，儿子姬发即位，是为周武王，尊姜尚为"师尚父"。

周武王讨伐商纣前，占卜一卦，卦象显示出兵不利，大风雨突然而至，大臣和诸侯们都恐慌起来，姜尚态度坚决地说："这是上天替我们清洗武器，赐福士兵，那些枯草朽骨懂什么！"把占卜的蓍（shī）草、龟骨都烧了。武王不再犹豫，出兵打败了商纣王。

周武王将齐国营丘（今淄博市临淄区）封给姜尚，是

为齐太公。齐太公慢悠悠地去封国，住宿时听见有人说："我听说机会难得而易失，这个客人这么悠闲，恐怕不是去封国就任的。"齐太公听了这话，连夜上路，黎明就到达齐国。

齐太公正遇上夷族首领莱侯前来争夺营丘，便打败了他们，再根据当地习俗，简化礼仪，开放工商业，发展渔业、盐业，附近百姓都来归附。

周成王时，东方诸侯叛乱，成王授予齐太公讨伐东方各国的权力，说："五等诸侯，各地官守，如有罪过，命你讨伐。"齐国因此成为大国，定都营丘。

齐桓公称霸

姜小白（？—公元前643年），姜姓，吕氏。齐太公的第十二代孙，齐国第十六位国君，著名政治家，春秋五霸之首。死后谥号桓公。

姜小白是齐襄公的弟弟，齐襄公在位时，荒淫无道，各位弟弟为了避祸，逃亡到外国。姜纠带着管仲等人逃到鲁国，姜小白带着鲍叔牙等人逃到莒（jǔ）国（今日照市莒县）。

齐襄公被杀，齐国陷入内乱，掌权的贵族高氏、国氏与姜小白交好，暗中通知他。鲁国听说齐国无君，也护送

二十四史马上读，语文历史都进步

姜纠返回齐国。姜纠命令管仲带领军队守在莒国通往齐国的路上，待姜小白一出现，管仲一箭射中他的带钩。

姜小白急中生智，假装倒地而死。管仲以为姜小白已死，马上派人飞报鲁国，姜纠放慢了回国的速度。姜小白等管仲一走，命仆从将自己打扮成尸体，藏在温车（即辒车，古代的一种卧车）中，快马飞奔入齐，即位为君，是为齐桓公。

齐桓公即位后，派军队攻打鲁国，鲁国战败。齐桓公本想杀死管仲，鲍叔牙说："如果君王只想治理好齐国，有臣就够了。如果想成就霸王之业，就不能没有管仲。"

齐桓公便写信给鲁国说："纠是寡人的兄弟，寡人不忍心亲手杀他，请鲁国将他杀死。管仲是寡人的仇敌，要活着交还，寡人要把他剁成肉酱才甘心，不然就围攻鲁国。"

鲁国人害怕，杀了姜纠，囚禁管仲，送到齐国。一到齐国境内，鲍叔牙就给管仲去除枷锁，齐桓公任命管仲为大夫，让他主持国政。

齐桓公得到管仲，重用鲍叔牙、隰（xí）朋、宁戚、高傒（xī）等人才，对内实施改革，实行五家连兵的兵制，发展商业、渔业和盐业，赡养贫民，奖励贤才，对外尊王攘夷、保护小国，君臣同心，齐国迅速强大。

公元前681年，齐国与鲁国会盟。正在商谈，鲁国将

▼ 齐桓公称霸

领曹沫突然劫持了齐桓公，要求归还鲁国土地。齐桓公答应了，事后又后悔，想杀死曹沫。管仲说："如果说出的话不实现，就会失去信义，也就失去了天下人的支持。"齐桓公便把土地还给鲁国。诸侯们知道了，都认为齐国守信，愿意听命。

齐国兴盛后，打着周天子的名义，征伐诸侯，辅佐周王室，召集中原诸侯会盟，被推举为霸主，齐国的霸业开始确立。周襄王派人赏赐祭祀祖先的福肉、丹彩装饰的弓箭、天子乘用的车乘（shèng），特许齐桓公不用下拜谢恩。

这意味着齐国的霸业得到周天子的承认，齐桓公的威望达到顶峰。齐桓公开始骄傲自满，想要去泰山封禅。管仲劝阻无用，于是介绍说封禅之礼需要准备远方的奇珍异宝才能举行，齐桓公这才作罢。

齐桓公晚年，管仲病危，齐桓公问他谁能接替国相，齐桓公连举易牙、开方、竖刀三人，都被管仲否定。齐桓公执迷不悟，坚持亲近这三人，三人得以专权。

齐桓公病重，五个儿子各自结党，都想成为太子。齐桓公死后，他们互相攻战，易牙、竖刀等人堵塞宫门，假传君命，屠杀各位大夫，以致宫中无人。齐桓公一代霸主，死后竟然无人问津，尸体被遗弃两个多月，蛆（qū）虫都爬到了门外。直到新君即位，才装棺后向各国报丧，第二

史记（上）·齐太公世家

年八月才下葬。

齐桓公去世后，公室贵族日益腐败，夺位斗争越发激烈。齐桓公有五个儿子先后登上君位，直到齐桓公的孙子齐顷公在位，才稍稍安定下来。等到齐顷公去世，执政的大夫崔杼（zhù）、庆封先后为乱，造成朝局动荡。田、鲍、高、栾四家合谋消灭庆封后，继续内斗，田氏最终胜出，国君废立都取决于田氏。

公元前386年，田和听说韩、赵、魏三家分晋，便流放了齐康公，自立为诸侯。七年后，齐康公死，齐太公的祭祀断绝，田氏正式取代姜姓，占有齐国。

经典原文与译文

【原文】管仲病，桓公问曰："群臣谁可相者？"管仲曰："知臣莫如君。"公曰："易牙如何？"对曰："杀子以适君，非人情，不可。"公曰："开方如何？"对曰："倍亲以适君，非人情，难近。"公曰："竖刀如何？"对曰："自宫以适君，非人情，难亲。"管仲死，而桓公不用管仲言，卒近用三子，三子专权。——摘自《史记》卷三十二《齐太公世家》

【译文】管仲病重,齐桓公问他说:"群臣之中谁可以当相国?"管仲说:"没有谁比君主更了解臣子了。"齐桓公问:"易牙怎么样?"回答说:"杀死自己的儿子来迎合国君,不符合人情,不能用。"齐桓公问:"开方怎么样?"回答说:"抛弃双亲来迎合国君,不符合人情,不能接近。"齐桓公问:"竖刀怎么样?"回答说:"阉割自己来迎合国君,不符合人情,不能亲信。"管仲死后,齐桓公不听从管仲的话,最终亲近任用这三个人,三人专权。

词语积累

宁戚饭牛:宁戚,春秋时卫国人;饭,喂。宁戚喂牛时悲戚而歌,引起了齐桓公的注意,得到重用。比喻怀才不遇,生活困苦,或比喻自荐求官。

风马牛不相及:风,雌雄畜生互相追逐引诱;及,碰到。两地距离遥远,即便马、牛发情追逐,也不会遇到。比喻事物之间毫不相干。

见异思迁：看到另一个事物就改变了原来的主意。指意志不坚定，喜好不专一。

勿忘在莒：莒，莒国。不要忘了在莒国的经历。比喻不要忘本。

卜昼卜夜：白天占卜之后可以饮酒，晚上饮酒没占卜，担心不吉利。形容不分昼夜地饮酒作乐，毫无节制。

老马识途：途，道路。老马认识曾经走过的路。比喻有经验的人对事情很了解。

鲁周公世家

>   《鲁周公世家》记载鲁国自周公姬旦封国至鲁顷公二十四年灭亡（约公元前1043—公元前249年），共约七百九十四年的历史。

● 周公吐哺（bǔ）

　　姬旦（生卒年不详），姬姓，也称叔旦，周文王姬昌的第四个儿子，武王姬发的弟弟。西周开国元勋，杰出的政治家、军事家、思想家。因采（cǎi）邑在周，故称周公。

　　周文王时，周公就因为孝顺父母、友爱兄弟而闻名，周武王即位后，他又辅佐政务。征伐商纣王时，周公手持象征兵权和政权的大钺（yuè）跟随出征，立下赫赫战功。武王将曲阜（今山东省曲阜市）封给周公，即鲁国，但不让他去封国，留在朝廷辅政。

　　周武王死后，年幼的周成王即位，局势很不稳定，周公便代替成王处理朝政。武王的弟弟管叔、蔡叔不服周公摄政，散布谣言，说周公将要夺位，联络淮夷和殷商遗民造反。周公举兵东征，两年内诛杀管叔，流放蔡叔，平定殷人故地。又乘胜向东推进，平定淮夷，灭掉了东部五十多个国家，从此，周朝的势力延伸到海边，原有的氏族部落被推翻。

周公平叛之后，为了加强对东方的控制，分封了七十一个封国，将武王的众兄弟和功臣都封为诸侯，来拱卫王室，并将交通枢纽洛邑（今洛阳市）营建为东都。

周公摄政多年，非常勤恳。有一次，他正在洗头，听说有人来拜访，顾不上擦头发，握着湿头发出去接待，等说完话，头发都干了。周公重新洗头，刚打湿头发，又有人来拜访，他又握着湿头发出去，反复好几次，头发没洗成。吃饭的时候听说有人来访，周公把嘴里的饭菜吐出来，出去接待，一顿饭一天都吃不完。

周成王长大后，可以处理国事了，周公把政权还给他。周公执政时，面朝诸侯接受朝拜，还政以后，周公站在臣子的位置，恭谨地面对成王。有人说周公坏话，周公就逃到楚国。成王举行祭祀，打开秘府，发现之前周公祈求让成王病愈的册文，知道错怪了周公，哭得泪流满面，将他迎回朝中。

周公回国后，依旧战战兢兢地处理朝政，劝谏周成王勤于政事。病重时，他请求成王将自己葬在成周（今洛阳

▲ 周公礼贤下士

市），表示自己永远是成王的臣子，不敢离开成王。成王也谦让，将周公安葬在周文王边上，表示自己不敢把周公当作臣子。

周公在秋天去世，庄稼还没来得及收割，刮起一阵暴风，稻穗全部倒地，大树连根拔起，百姓们十分害怕。周成王于是祭祀上天，打开册文，发现周武王病重时，周公发愿代替武王去死的文辞，询问史官，他们说："确实有这件事，之前周公下令不准说出去。"成王很感动，特许鲁国可以施行和周天子一样的礼乐，也可以举行郊祭文王的礼仪，来褒奖周公的德行。

周公在周王朝立足不稳、成王年幼的危急时刻挺身而出，凭借过人的能力，稳定了局势，建立以宗法制为核心的礼乐制度和五服九等的朝贡制度，一直沿袭到清末，深刻地影响了中国人的世界观。周公也因道德高尚、贡献突出，被尊为"元圣"。

礼崩乐坏

周公的儿子伯禽治理鲁国四十余年，坚持以周礼治理国家。周成王允许鲁国行使天子的礼乐，鲁国便一直完整地保存下来，人们都说周礼尽在鲁。鲁国一直都勤恳地发挥着周室强藩的作用。

鲁国第九任国君鲁武公在位的第九年，武公带着大儿子姬括、小儿子姬戏朝拜周宣王，宣王喜欢姬戏，想立他为鲁国太子。大臣劝谏宣王说："不立长子，违背了礼制，天子这样做，是教百姓都违背礼法，如果鲁公遵从命令，诸侯开始效仿，政令就丧失了权威。假如鲁国不遵从命令，到时候讨伐鲁国是错，不讨伐鲁国也是错。"宣王不听，执意要立姬戏为太子，武公心里不快，回国就死了。姬戏继位，是为鲁懿（yì）公。

鲁国人果然不满小儿子继位,攻杀鲁懿公,立姬括的大儿子姬伯御为君。周宣王觉得这事伤了颜面,领兵伐鲁,杀死姬伯御,改立懿公的弟弟为鲁君,是为鲁孝公。从这以后,诸侯便经常违背王命,周王的政令推行不畅。鲁孝公二十五年,诸侯背叛周室,犬戎杀死周幽王。礼崩乐坏便从这里开始。

三桓之乱

鲁国第十五位国君鲁桓公死后,嫡长子姬同即位,是为鲁庄公。庄公有三个弟弟:庆父、叔牙、季友。按照惯例,由嫡长子继承君位,如果没有嫡长子,就由弟弟继位。庄公没有嫡长子,想立自己宠爱的儿子姬斑为太子,先后找叔牙、季友商量。叔牙主张立庆父,季友主张立姬斑,庄公便下令季友逼迫叔牙服毒自尽,答应保全他的后人,是为叔孙氏。庄公死后,姬斑即位,由季友辅政。

姬斑即位刚两个月,庆父派人刺杀了他,并拥立新君,季友急忙出逃。两年后,庆父再次派人刺杀新君,准备自己取而代之。鲁国人见庆父连杀两位国君,很愤怒,想杀了他。庆父觉得害怕,逃出国门。季友急忙回国,拥立庄公的小儿子为君,是为鲁僖(xī)公。

季友派使者去杀庆父,庆父被逼无奈,自杀身亡,他的后人就是孟孙氏。季友的后人就是季孙氏。因为庆父、叔牙、季友都是鲁桓公的儿子，他们的后人便合称为"三桓"。

此后，三桓逐渐强盛，掌握了鲁国的大权，公室衰微。三桓不仅有自己的军队，还公然瓜分鲁国的国民和税收。孔子代理国相时，曾试图改变这个局面，被三桓驱逐。鲁哀公想联合诸侯伐灭三桓，反而被三桓讨伐，公室在三桓面前卑微得像个小侯。

到了春秋末期，整个社会开始急剧变化，鲁国依然恪守周礼，没有跟随时代的步伐，由东方大国变为积弱的小国。加上内耗不断，更加衰微。公元前249年，楚国考烈王伐灭鲁国。七年后，鲁顷公死去，鲁国祭祀中断。

经典原文与译文

【原文】鲁公伯禽之初受封之鲁，三年而后报政周公。周公曰："何迟也？"伯禽曰："变其俗，革其礼，丧三年然后除之，故迟。"太公亦封于齐，五月而报政周公。周公曰："何疾也？"曰："吾简其君臣礼，从其俗为也。"及后闻伯禽报政迟，乃叹曰："呜呼，鲁后世其北面事齐矣！夫政不简不易，民不有近；平易近民，

民必归之。"——摘自《史记》卷三十三《鲁周公世家》

【译文】当初,周公的儿子鲁公姬禽(即伯禽)受封到鲁国,三年之后才向周公汇报施政事宜。周公说:"为什么这么迟才来?"姬禽说:"改变当地的风俗,改革当地的礼仪,等到三年之丧满期之后才能看到效果,所以来迟了。"齐太公也受封到齐国,五个月后就向周公汇报施政事宜。周公说:"为什么这么快就来了?"齐太公说:"我简化君臣之间的礼节,遵从当地的风俗去做。"等到后来听说姬禽汇报施政事宜迟了,就叹息说:"唉!鲁国的后代将要成为齐国的臣子了,如果政令不能简约易行,百姓就不会亲近;政令平易近民,百姓必定依附。"

五侯九伯:五侯,公、侯、伯、子、男五等诸侯;九伯,九州之长。泛指天下诸侯。

周公吐哺：哺，口中含着的食物。周公吃饭时遇到有人来访，吐出嘴里的食物就出来接待。比喻在位者求才心切，礼贤下士。

庆父不死，鲁难未已：庆父，鲁庄公的弟弟，先后杀死两位国君；鲁，鲁国。如果庆父不死，鲁国的灾难就不会停止。比喻不清除制造困难的罪魁祸首，就无法安宁。

祸起萧墙：萧墙，王宫内作为屏障的矮墙，臣子至此，心生肃穆，故称萧墙，指灾祸发生在宫里。比喻内部发生祸乱。

齐纨（wán）鲁缟（gǎo）：纨，白色的细绢；缟，细白的生绢。齐国出产的纨、鲁国出产的缟。泛指名贵的丝织品。

漆女忧鲁：漆室的女子担忧鲁国的安危。比喻不当政的人担忧国事。

燕召公世家

> 《燕召（shào）公世家》记载燕国自召公姬奭（shì）受封至秦国灭燕（约公元前1044—公元前222年），共计约八百二十二年的历史。

召公蔽芾甘棠

姬奭（生卒年不详），姬姓，西周宗室，与周武王、周公同辈。因采（cǎi）邑在召（今陕西省岐山县），故称召公、召伯、召公奭。

召公辅佐周武王灭商后，受封于蓟（今北京市），建立燕国，派大儿子姬克前去治理封国，自己留在朝中辅政。

周成王继位后，召公担任太保，周公摄政，行使天子的权力。当时，天下还很不太平，周公与召公商量，决定将国土从陕地（今三门峡市陕州区）划开，陕地以西是周族的大本营，没有战乱，由召公治理；陕地以东有诸侯叛乱，

史记（上）·燕召公世家

由周公平定。

召公出城巡视，不占用民房，在当地一棵棠梨树下判决官司，处理政事。从公侯到平民都能得到妥善安置，没有人失去常业、居无定所。因为光明正大，一视同仁，百姓十分信服召公。

召公善于治理，周朝的农业生产发展迅速，后方经济得到巩固，为周公东征奠定了良好的基础。召公辅佐周成王、

▼ 召公在棠梨树下处理政事

周康王两代君主，为"成康之治"的出现做出了贡献。

召公死后，百姓们怀念他的政绩，不舍得砍伐那棵棠梨树，以诗作《甘棠》歌颂他。诗歌说："蔽芾（fèi）甘棠，勿剪勿伐，召伯所茇（bá）。"意思是"茂密葱郁的棠梨树，不剪不砍养护好，曾是召公居住之地。"

姬哙禅让致乱

姬哙（kuài）（？—公元前314年），姬姓，燕氏，蓟都人。燕国第三十八任国君，别称燕王哙。

姬哙即位是战国中期，周王朝已经名存实亡，周初与燕国一起受封的诸侯国，所剩无几。燕国作为一个老牌诸侯国，地处北方，一直恪守周制，对上古时期的"禅让""好贤""行仁"很推崇。

姬哙深受这种氛围影响，不听音乐，不建台阁，也不游猎，而是亲自耕种，忧心民生疾苦，梦想回到尧舜禹（yǔ）时期，拥有古代圣王的道德。

当时，燕国的国相是子之，位高权重，与纵横家苏代关系密切。公元前318年，苏代代表齐国出使燕国，姬哙问他："齐王这个人怎么样？"苏代说："齐王不信任大臣，成不了大事。"姬哙听了这话，更加信任子之，却不知道苏代是故意为之。

燕国大臣鹿毛寿看出了姬哙的心思，对他说："大王不如把国家让给子之，子之一定不敢接受，但天下人都会称颂大王有唐尧一样的美德。"姬哙于是把国家托付给子之，子之的地位更加尊贵。这时，又有人建议姬哙将官员的任免权交给子之，姬哙便把任免俸禄三百石以上官员的印信都交了出去。子之行使国君的权力，姬哙反而成了臣子。

子之执掌国政三年，燕国大乱，人人心怀恐惧，将军市被与太子姬平谋划攻打子之。齐国众将建议齐宣王出兵，宣王派人联络姬平，表示愿意提供帮助。姬平便聚集党羽，派市被包围王宫，攻打子之，但没有打下来。市被和百官马上倒戈，反过来攻打姬平，结果市被战死。燕国内乱持续好几个月，死了好几万人，民众朝不保夕。

大儒孟轲当时在齐国，对齐宣王说："现在正是讨伐燕国的好时机。"于是齐宣王派出大军讨伐燕国。燕国士兵不迎战，城门大开，齐军长驱直入，杀死姬哙、姬平和子之。

昭王惜才敬贤

姬职（公元前335—公元前279年），姬姓，燕氏，燕王姬哙的庶子（《史记》误记为姬平）。死后谥号昭王。

燕国被齐国攻破三年之后，燕国人从韩国迎回姬职即位，是为燕昭王。

燕国常年以老牌诸侯国自居，拒不效仿中原国家实施变法，国力一直就很弱。加上被齐军洗劫三年，更加残破不堪。燕昭王即位，立志改变这种局面，发誓报齐灭燕之仇。

燕昭王吊祭死者，慰问孤儿，和臣下同甘共苦。做完这些，觉得还不够，听说大臣郭隗（wěi）有贤名，就问他说："不知道哪里有治理国家的贤才，寡人愿意亲自侍奉他，以洗刷先王的耻辱。"郭隗说："大王如果真想招来贤才，请先从臣开始。那些贤才看到像臣这样的人都受到重用，就会不远千里而来。"昭王于是修筑黄金台供郭隗居住，又拜他为师，给予最高礼遇。

燕昭王爱才敬贤的名声就这样传出去了，阴阳五行学说的提出者邹衍从齐国而来。邹衍早已闻名天下，在齐国备受尊重；他去魏国，魏王亲自到郊外迎接；去赵国，丞相赵胜用衣袖替他拂去坐席的灰尘。燕昭王听闻邹衍来了，亲自用衣袖裹着扫把，身体后退，边退边扫，为他清洁道路；入坐时，主动坐在弟子席，请求邹衍以师长的身份授业，还特意为他修建宫殿，供他居住讲学。很多贤士都被昭王的诚意打动，名将乐（yuè）毅从魏国而来，名将剧辛从赵国而来，苏代从洛邑（今洛阳市）而来，争着奔赴燕国。

▲ 燕昭王求贤

　　燕昭王重用这些人才，改革内政，奋斗二十八年，直到国家殷实富足，士兵乐于出击，上下同仇敌忾，才任命乐毅为上将军，联合秦、楚、赵、魏、韩等国征讨齐国。齐军战败，燕军不仅攻占了齐都临淄，还夺取了齐国所有宝物，焚烧了齐国的宗庙宫室。齐国只剩下最后两座城池没被攻破，其余城池归属燕国长达六年。

　　燕昭王时期是燕国实力最强的阶段，昭王去世后，他的儿子燕惠王与乐毅有嫌隙，赶走了乐毅，齐国趁机兴兵，击败燕军，收复了全部城池，燕国从此一蹶不振。

姬丹荆轲刺秦

姬丹（？—公元前226年），姬姓，燕氏。燕国第四十三任国君燕王姬喜的太子。

姬丹年少时曾经和秦始皇嬴政一同在赵国做人质，两人有一些交情。后来，嬴政回国即位为秦王，攻占了列国大片领土。姬喜见秦国很强大，派姬丹去做人质，秦王对姬丹很不友好。

后来，姬丹逃回燕国，时刻寻找报复秦王的办法。但燕国国力太弱，一时之间想不出什么办法。这时，秦国已经灭掉了韩国、赵国，大军到达燕国南部的易水边，燕国群臣无计可施。

姬丹把自己的想法告诉老师鞠武，鞠武认为秦强燕弱，不应该为了私人恩怨得罪秦国。不久，秦军将领樊於（wū）期因为得罪秦王，逃到燕国，姬丹决定收留他。鞠武坚决反对此事，趁机提议北联匈奴，南结诸国，共同对付秦国。姬丹都没有采纳。

姬丹通过鞠武介绍，认识了侠客荆轲，请求他刺杀秦王，说："如果可以劫持秦王，就让他返还侵占各国的土地；如果不同意，就杀了他。"荆轲拒绝了这个要求。姬丹马上叩头，坚决恳请，荆轲只好答应。姬丹尊荆轲为上卿，进献车马、珍宝、美女，给予很高的礼遇。

姬丹见荆轲答应下来，便准备了最锋利的匕首，淬（cuì）上毒药；挑选燕国的勇士，配给荆轲作助手；又按照荆轲的要求，准备好燕国督亢（今河北省涿州市境内）地图和樊於期的首级，作为面见秦王的礼物。

荆轲正在等待一个朋友，准备一起出发，姬丹怀疑他反悔，多次催促。荆轲很生气，决定立即出发。但很不幸，荆轲行刺失败，当场被杀。

秦王非常愤怒，命令秦军攻破燕国国都，姬喜与姬丹逃往北方。这时，有人给姬喜献计说，秦军紧追不舍，只是因为姬丹，如果将他的人头献给秦王求和，一定能获得谅解。姬喜照办，暂缓了危机。等到秦军灭亡魏国、楚国后，就灭了燕国。

经典原文与译文

【原文】燕王命相栗腹约欢赵，以五百金为赵王酒。还报燕王曰："赵王壮者皆死长平，其孤未壮，可伐也。"王召昌国君乐间问之。对曰："赵四战之国，其民习兵，不可伐。"王曰："吾以五而伐一。"对曰："不可。"燕王怒，

群臣皆以为可。卒起二军，车二千乘，栗腹将而攻鄗（hào），卿秦攻代。——摘自《史记》卷三十四《燕召公世家》

【译文】燕王姬喜命令相国栗腹和赵国订约和好，赠送五百镒（yì）黄金给赵王置酒。栗腹回来报告燕王说："赵王国内年轻力壮的人都战死在长平（今山西省高平市）了，他们的遗孤还没有长大，可以进攻。"燕王召来昌国君乐间询问这件事。乐间说："赵国是个四面受敌的国家，他们的百姓熟悉打仗，不可以进攻。"燕王说："我拿五个打他一个。"回答说："不可以。"燕王生气，群臣都认为可以进攻。最终派出两路军队，战车两千辆，栗腹指挥攻打鄗（今河北省高邑县），卿秦攻打代（今河北省蔚县）。

千金买骨：用一千金购买千里马的骨头。比喻求贤若渴，用重金聘请人才。

鹬蚌（yù bàng）相争，渔翁得利：鹬，长嘴水鸟；蚌，河蚌。水鸟的嘴巴被河蚌夹住，渔翁获得利益。比喻双方争执不下，两败俱伤，让第三者得了好处。

邯郸学步：邯郸，赵国都城。燕国人到邯郸学习赵国人走路，没有学会，反而忘了之前自己是怎么走路的。比喻一味模仿他人，不仅没学到本领，反而把原有的本领忘了。

郢（yǐng）书燕说：郢，楚国都城；书，书信；说，解释。楚国人给燕国国相写信，一时大意有笔误，燕国国相读到误处，反而得出了正面的解释。比喻穿凿附会，曲解原意。

燕昭市骏：市，买；骏，千里马。郭隗以古代君王悬赏千金买千里马为比喻，劝说燕昭王真心求贤。比喻招纳贤才。

乌头马角：乌鸦白了头，马长出角来。比喻不可能实现的事。

晋世家

> 《晋世家》记载唐叔虞被封为诸侯，到赵、魏、韩三家分晋之后，晋静公被废为庶人（公元前1033—公元前376年），共六百五十七年的历史。晋国国力强大，在大多数时间称霸中原，是名副其实的春秋霸主。前430年，三家分晋，被视为春秋截止，战国开始。

● 桐叶封弟

姬虞（生卒年不详），姬姓，字子于，周武王的儿子，周成王的弟弟。封地在唐（今山西省境内），史称唐叔虞。晋国的始祖，三晋文化的创始人。

周成王和姬虞小时候玩游戏，成王把一片桐叶削成玉圭形状送给姬虞，说："用这个分封你。"一旁的史官记载此事，请求选择吉日封姬虞为诸侯。成王说："我这是开玩笑呢。"史官说："天子无戏言。"正好周公灭了唐国，成王就将唐封给姬虞。

唐国是夏朝遗民和戎人混居之地,姬虞到唐国后,执行夏人的征收贡品制度,按戎族的办法管理戎族,因地制宜,顺势而行,一年就收到成效,农业、牧业得到显著发展。

姬虞的儿子姬燮(xiè)继位,迁居晋水边上,故将国号改为"晋"。姬虞开创的"启以夏政(zhèng),疆以戎索"的治理模式,成为晋国的传统国策,对后来的三晋文化产生了深远影响。

骊姬之乱

晋献公的曾祖父是晋穆侯的小儿子,被封在曲沃(今山西省曲沃县),史称曲沃桓叔,桓是谥号,叔是排行。

曲沃桓叔有才有德,威望很高,但无缘君位,就把这个信念传给了后人。等到他的孙子曲沃武公在位时,终于以旁支身份攻占了晋国都城翼城(今山西省翼城县),又用珍宝贿赂周釐(xī)王,周釐王便正式封曲沃武公为晋国国君。史称"曲沃代翼"。

武公死后,儿子献公在位,为了防止公族内乱,将曾祖父、祖父的子孙全部诛杀,史称"灭桓庄之族"。

晋献公讨伐骊（lí）戎，得到美女骊姬，特别宠爱，便想废掉太子申生，立骊姬的儿子奚齐为太子。为此，晋献公疏远三个儿子申生、重耳、夷吾，将他们赶到封地，只留奚齐在国都。

晋献公私底下对骊姬表态，想废掉申生，改立奚齐。骊姬哭着说："太子册立很久了，众人皆知，而且他能力出众，百姓拥戴，怎么能因为我的缘故，废嫡立庶呢？君王一定要这样，我只能自杀谢罪了！"而后暗中找人诽谤申生。

申生很有威望，骊姬觉得他即便不在国都，也会对自己的儿子产生威胁，决定除掉他。骊姬对申生说："君王梦见了你的母亲，命你去祭祀，回来把祭肉献给君王。"申生祭祀回来，进献祭肉，恰逢晋献公出猎，申生就把祭肉留在宫里，骊姬派人在祭肉上下毒。

过了两天，献公回宫，厨师奉上祭肉，献公正想享用，骊姬说："肉是外面送进来的，要试试是否安全。"让狗吃肉，狗立即死了；又让奴仆吃肉，奴仆也死了。骊姬哭着说："太子太残忍了！连自己的父亲都不放过，何况其他兄弟呢！"申生听到这件事，逃回封地后自杀了。

骊姬又在晋献公面前诬陷重耳、夷吾，两人被迫逃亡国外。晋献公死后，三个月内换了两位国君，随后夷吾即位，是为晋惠公。

晋惠公在位十四年,得罪了周王、秦国、朝臣和百姓,国人都不顺从他。他的儿子怀公即位,同样不得人心,国人更加思念重耳。

晋文称霸

姬重耳(公元前697—公元前628年),姬姓,晋氏。晋国的第二十二任君主,著名政治家,春秋五霸中第二位霸主。死后谥号文公,与齐桓公并称"齐桓晋文"。

重耳从小喜欢结交品德高尚的人士,贤名在外。太子申生死后,他在外流亡十九年,宾客们一直追随左右。

有一年,重耳流亡到楚国,楚成王隆重接待了他。在宴席上,成王问:"如果公子将来回国即位,怎么报答寡人呢?"重耳说:"君王富有一国,不缺少珠玉珍宝。万一将来两国兵戎相见,我必定退避三舍(shè)。"

晋怀公即位后,晋国的大臣都暗中劝说重耳回国,愿意作为内应。秦穆公派兵护送重耳回国即位,是为晋文公,时年六十二岁。

晋文公历尽艰险,受困日久,很想有一番作为,于是修明政务,对百姓布施恩惠,赏赐随从逃亡的人员和各位

▲ 晋文公称霸

有功之臣。

　　有个叫介子推的功臣，一直追随晋文公流亡，他认为晋文公能回国即位，是上天的帮助，自己没有功劳，便带着母亲隐居起来。介子推的随从替他抱不平，写了几句话放在宫门口，晋文公一看，说："这是在说介子推，寡人还没来得及封赏他。"派人去请介子推，没有找到。

　　晋文公听说介子推躲进了绵上山（今山西省介休市境内），把整座山封给介子推，作为他的食邑，改名为介山，说："以此纪念我的过错，表彰好人。"

当时，南方的楚国国力强盛，吞并了很多周边小国，又北上争霸，围困了宋国。宋国曾在晋文公逃亡时帮过忙，加上晋国是北方大国，便向他求援。两个国家都有恩于晋文公，帮谁打谁都不合适，晋文公只好攻打与楚国交好的曹国、卫国，宣称将两国的土地分给宋国。楚国前去救援曹、卫，因此解了宋国的危难。

楚国大将子玉很不高兴，认为这是轻视楚国，领兵攻打晋军。楚成王知道晋文公不好对付，告诫子玉不要轻敌。晋文公命令晋军后退九十里，以报答当年楚成王的恩情。

子玉不识好歹，认为晋军害怕，率军追赶，双方在城濮对峙。两军交战，楚军失败，子玉带着残兵逃走，这就是城濮之战。楚国北进的锋芒就此被打断，晋国的霸权得到确立，中原各国都尊晋文公为霸主。

● 三家分晋

晋文公即位后改革军制，将原来的两军改为三军，每军设将佐各一名，六名将佐合称六卿。由中军将担任正卿，执掌朝政。六卿采用世袭制，由十一家世族把持，按照"长逝次补"的原则，出将入相，掌控了军政大权。

二十四史马上读,语文历史都进步

公元前632年城濮之战后,晋国霸权确立,此后一百多间,晋国力压楚国、秦国、齐国等大国,几乎独霸中原。

期间,晋国吞并了很多小国,疆域从最初的一百里,扩展到今山西省全部、陕西省东部与北部、河北省中部与南部、河南省西部与北部、山东省西北部,以及内蒙古自治区一部,成为北方当之无愧的超级大国。

在此过程中,卿大夫的势力一天天扩展,国君的实力

▼赵、魏、韩三家分晋

不断削弱。十一家世族也相互兼并，到晋国晚期，只剩下智瑶、赵无恤、魏驹、韩虎四家，其中智瑶担任执政，实力最强。

这时候，晋国的国势已经衰微，智瑶认为如果要恢复晋国霸业，必须先增强国君的实力，因此率先将智氏名下一个万户城邑献给国君，并要求赵、魏、韩三家也照做。魏、韩两家惧怕智瑶，立即照做了。

但赵无恤拒绝献出城邑，智瑶便联合魏、韩两家攻赵。赵无恤在大本营晋阳城（今太原市）坚守两年多，逐渐支撑不住了，暗地里派人游说魏、韩两家："假如赵氏灭亡，下一个会是谁呢？"

魏、韩两家觉得有道理，联合赵家，阵前倒戈，引水倒灌智氏军营，智瑶兵败身亡。三家趁机平分了智瑶的土地。

公元前403年，周威烈王赐封赵、韩、魏三家为诸侯，晋国名存实亡。之后，赵、韩、魏瓜分了公室仅存的土地，废晋静公为平民，晋国灭亡。

经典原文与译文

【原文】重耳爱齐女，毋去心。赵衰（cuī）、咎犯

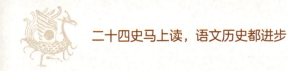

乃于桑下谋行。齐女侍者在桑上闻之,以告其主。其主乃杀侍者,劝重耳趣行。重耳曰:"人生安乐,孰知其他!必死于此,不能去。"齐女曰:"子一国公子,穷而来此,数士者以子为命。子不疾反国,报劳臣,而怀女德,窃为子羞之。且不求,何时得功?"乃与赵衰等谋,醉重耳,载以行。——摘自《史记》卷三十九《晋世家》

【译文】 晋文公重耳爱恋在齐国娶的妻子,没有离开齐国的心思。赵衰、咎犯于是在桑树下谋划如何离开齐国。齐女的侍女在桑树上听到他们的谈话,告诉了她的主人。主人便杀了侍女,劝重耳赶快走。重耳说:"人生要安享快乐,哪里知道其他事!我一定要死在齐国,不能走。"齐女说:"你是一国的公子,走投无路才来这里,好几位士人将你视为生命。你不赶快回国,回报慰劳臣子,却贪恋女色,我私底下为你感到羞愧。而且不去追求,什么时候才能成功?"于是和赵衰等人谋划,灌醉重耳,用车载着他离开。

 **词语积累**

一国三公：一个国家有三个人主管政事。比喻事权不统一，不知道该听谁的。

唇亡齿寒：嘴唇没有了，牙齿会感到寒冷。比喻两者关系密切，利害相关。

贪天之功：将上天的功绩当成自己的。现指把不属于自己的功劳归于自己。

困兽犹斗：被困住的野兽还要挣扎搏斗。比喻身处绝境仍要拼命抵抗。

启以夏政，疆以戎索：政，通"征"，征收贡品；戎索，戎人之法。晋国立国初期，采用夏朝的贡法，按照戎人的办法划定疆界。比喻因事因势变革的建国方略。

假道伐虢（guó）：假道，借路；虢，虢国。晋国向虢国借路，消灭虞国，回来的时候灭掉了虢国。比喻向对方以借道为名，行消灭对方之实。

退避三舍：舍，三十里。晋文公为了回避与楚军的冲突，主动后退九十里。比喻退让回避，避免冲突。

数典忘祖：查数着典籍，却忘了自己祖先的行事。比喻忘本。

楚世家

> 《楚世家》记载楚国先祖颛顼（zhuān xū）到周成王分封熊绎为子爵，建立楚国，再到楚武王自立为王，最后被秦国所灭（公元前25世纪—公元前223年），长达两千多年楚民族的历史。

熊绎艰辛开国

熊绎（生卒年不详），芈（mǐ）姓，熊氏，名绎。楚国第一任君主。

楚人本是黄帝的后裔，祖先是颛顼帝。在帝喾（kù）时担任火正，被赐予祝融的称号。祝融氏的子孙昆吾氏和彭祖氏先后在夏、商时期做过侯伯，后来都灭亡了，只有季连氏这一支传下来，就是楚国王族的祖先。

季连的后代里有一支叫鬻（yù）熊，曾经侍奉周文王。周成王即位后，举用文王、武王功臣的后代，将鬻熊的曾孙熊绎分封到南蛮之地,封地五十里,给予子爵,住在丹阳(今湖北省丹江口市)。

楚国立国初期十分穷困,修建了一个非常简陋的祠堂,祭祀祖先找不到贡品,跑到鄀(ruò)国偷了一头还没长角的小牛,害怕牛主人找来,连夜杀了祭祀。

熊绎进京述职,携带本地的特产进贡,也只有桃木弓、枣木箭而已。周成王会盟诸侯,熊绎被划为蛮夷,不允许

▼ 熊绎筚路蓝缕

入席，只能与鲜卑酋长一起"守燎"。

熊绎忍气吞声，回国后带领楚人拉着简陋的柴车，穿着破烂衣服开垦荆山。经过多年艰苦奋斗，不断往南扩展疆域，国力增强，逐渐成为江汉一带的霸主。

周王室不把楚国当诸侯。楚国对周王室也就不那么尊重，国力强盛之后，对周王室甚至开始有所冒犯。等到第六任君主熊渠在位，正值周夷王之时，周王室衰落，诸侯之间互相攻伐。

熊渠得到长江、汉水流域民众的拥戴，攻占了铜矿资源丰富的鄂地（今湖北省鄂州市）。熊渠说："我是蛮夷，不必遵守中原的名号。"便自比天子，封自己的三个儿子为王。暴虐的周厉王即位，熊渠担心他讨伐楚国，才取消王号。

熊通僭越称王

熊通（？—公元前690年），芈姓，熊氏。楚国第十七位君主。公元前704年，僭（jiàn）越称王，称为楚武王。

熊通能征善战，刚即位就吞并了权国（今湖北省当阳市），之后入侵随国（今湖北省随州市）。随国君主说："我没有罪过。"熊通说："我是蛮夷。现在诸侯都背叛王室,互相侵伐。我有军队,想参与中原的政事,请周王赐我尊号。"

随国人把熊通的要求上报周王,周王室没有答应。熊通愤怒地说:"我的祖先鬻(yù)熊曾是周文王的老师,因为早死,周成王提拔我的先公,竟然只赐予子爵,让他住在楚地。我们已经收服了蛮夷部族,可是周王还不加封我爵位,我只能自称尊号了!"于是自称为王。

楚武王称王,开启了诸侯僭(jiàn)越称王的先例。

庄王问鼎中原

熊旅(?—公元前591年),芈姓,著名政治家,春秋五霸之一。死后谥号庄王,又称荆庄王。

楚庄王即位时不到二十岁,刚即位就遇到权臣谋反。楚庄王面对不明朗的局势,选择了韬光养晦,前三年,没有发布任何政令,每天寻欢作乐,还下令进谏者一律处死。

大臣伍举入宫进谏,看见楚庄王一手抱着一个美女,坐着听歌赏乐。伍举说:"臣想问大王一个问题,有一只鸟落在土山上,三年不飞,三年不叫,这是什么鸟?"庄王说:"三年不飞,一飞冲天;三年不鸣,一鸣惊人。你下去吧,我知道你的意思了。"

过了几个月，楚庄王更加放纵享乐。大夫苏从忍无可忍，入宫进谏。楚庄王说："你没有听说进谏的人都会被处死吗？"苏从说："如果舍弃生命能让大王贤明，这是臣的夙愿。"

于是楚庄王停止取乐，杀死几百个罪人，擢（zhuó）升了几百个有功之臣，任用伍举、苏从管理政务，百姓都很高兴。楚国大治。

当时，北方强国晋国已经称霸多年，恰逢晋灵公在位，残害臣民，虐待属国，晋国的威望日益下降。

楚庄王灭亡庸国，讨伐宋国、陆浑戎，兵锋直抵周王室洛邑（今洛阳市）郊外。楚庄王在周王室边境阅兵，展示兵力，周定王恐惧不安，派王孙满犒劳楚军。楚庄王趁机询问九鼎的轻重大小。相传，九鼎由大禹汇聚九州的青铜铸造，代表着天下九州，夏、商、周三代相传，奉为传国之宝，是天子权力的象征。

王孙满说："政权在道德不在鼎。"楚庄王很不高兴地说："熔掉楚国拥有的刀尖，足够铸成九鼎了。"王孙满说："九鼎，是用九州进贡的金属铸成的，代表的是天下臣服。如果天子道德美好，鼎多小都动不了；如果道德败坏，鼎多重都能被移走。周王室的德行虽然衰微，但天命没有改变。鼎的轻重，不是大王能过问的！"楚庄王这

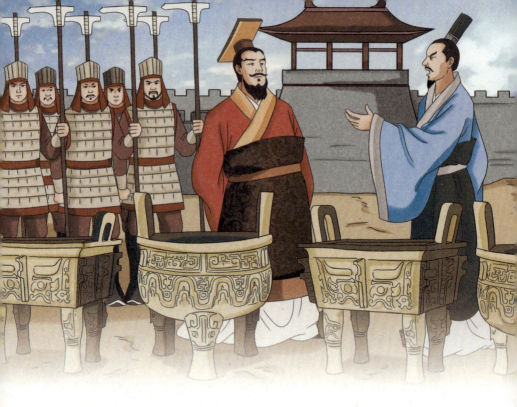

▲ 楚庄王问鼎中原

才撤军回国。

公元前597年,楚庄王亲自率军包围郑国。郑国(位于今郑州市一带)是当时的中心地区,也是晋国南下、楚国北上的必经之地,因此成为两国反复争夺的对象。郑国没有办法,只好采取谁强服谁的策略。

楚庄王很快攻占了郑国,郑伯袒胸露臂,牵羊求和,楚庄王答应了他。六月时,晋国前来救援郑国,晋楚两军在邲(bì,今郑州市境内)对峙。楚庄王派孙叔敖率军出战,大败晋军。这就是邲之战。

邲之战洗刷了楚国城濮之战的耻辱，楚庄王由此掌控了主动权，取得霸主地位。

楚国灭亡

战国中后期，秦国释放出强劲的实力，东方六国为了应对秦国，以合纵之术对付秦国。位居东方的大国齐国，不愿看见秦国步步东进，便积极拉拢南方大国楚国牵制秦国。

当时，楚怀王在位，对内任用屈原变法，对外交好齐国，局面一片大好。秦国用纵横家张仪之计，欺骗楚怀王与齐断交。怀王得知被骗，发兵进攻秦国，大败，丢失了很多土地。

不久，怀王又疏远屈原，彻底向守旧派妥协。秦国趁楚国国力没有恢复，与齐国的联盟没有结成，派名将白起进攻，楚国损兵折将，无力还击。

后来，楚怀王又被秦昭襄王骗去秦国，胁迫他割让土地，楚怀王断然拒绝，客死咸阳（今咸阳市），楚国国势迅速衰弱。楚怀王的悲惨遭遇，极大地刺痛了楚人，也引起了对秦国的仇恨，后来才有"楚虽三户，亡秦必楚"的说法。

公元前263年,楚怀王的孙子楚考烈王即位,任用左徒黄歇为令尹,封为春申君。当时楚国已经很衰弱,春申君派兵解了赵国邯郸(今河北省邯郸市)之围,又领兵灭了鲁国,楚国一度复兴。

后来,春申君组织了东方各国最后一次合纵,共同伐秦,联军一度打到函谷关(今河南省三门峡市境内),秦国举全国之兵出关应战,联军战败逃亡。

楚考烈王死后,春申君也被杀,楚国国势更加衰败,再也无力抵挡秦国。公元前223年,秦国名将王翦(jiǎn)攻进楚都,灭亡了楚国。

经典原文与译文

【原文】十月,昭王病于军中,有赤云如鸟,夹日而蜚(fēi)。昭王问周太史,太史曰:"是害于楚王,然可移于将相。"将相闻是言,乃请自以身祷于神。昭王曰:"将相,孤之股肱(gōng)也,今移祸,庸去是身乎!"弗听。卜而河为祟,大夫请祷河。昭王曰:"自吾先王受封,望不过江、汉,而河非所获罪也。"止不许。——摘自《史记》卷四十《楚世家》

【译文】楚昭王二十六年十月,楚昭王病倒在军中,有红云像鸟一样,围绕太阳飞舞。楚昭王询问周太史,太史说:"这对楚王是灾祸,但是可以转移给将相。"将相听到这个话,便请求用自己的身体向神灵祷告。楚昭王说:"将相,是寡人的大腿和上臂,现在把灾祸转移给他们,难道病就离开身体了吗?"没有听从。占卜认为是黄河在作祟,大夫请求祭祀河神。楚昭王说:"自从我国先王受封,遥祭河神没有超过长江、汉水,黄河之神没有罪过。"制止不许可。

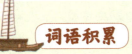

词语积累

筚(bì)路蓝缕:筚路,柴车;蓝缕,破烂的衣服。驾着简陋的柴车,穿着破烂的衣服去开辟山林。形容艰苦创业。

楚才晋用:楚国的人才被晋国所用。比喻本国人才外流到其他国家。

荆人涉澭（yōng）：荆人，楚国人；澭，澭水，在今河南省商丘市境内。楚国人渡过澭水。比喻拘泥成法，不懂得根据情况的变化而变通。

楚囚对泣：楚囚，春秋时被俘虏到晋国的楚大夫钟仪，后借指处境艰难的人。形容遭遇国难或变故时，面对面看着毫无办法，只知道在一起哭泣。

楚虽三户，亡秦必楚：三户，三家人，指人很少。楚国虽然只剩下几户人家，灭亡秦国的也必定是楚人。比喻只要下定决心，力量虽小也能成就大事。

问鼎中原：鼎，九鼎，象征天子的权力。到中原地区询问周天子的九鼎。比喻企图夺取天下。

楚弓楚得：楚国人丢掉的弓，又被楚国人捡到。比喻失去的利益没有便宜外人。

史记（上）· 越王勾践世家

越王勾践世家

《越王勾践世家》记载从越先祖到越国分崩离析（？—公元前333年）的历史。重点讲述越王勾践复国、称霸和谋臣范蠡（lí）的史实。

勾践卧薪尝胆

勾践（？—公元前464年），姒（sì）姓，本名鸠浅，又作句践。越国君主，春秋五霸的最后一位。

越国王室祖先无余是夏帝少康的庶子，因此也是夏禹的直系后裔，受封于会（kuài）稽（今绍兴市），奉守夏禹的祭祀。越国地处东南沿海，很少与中原地区来往，保持断发文身的习俗，砍掉茅草搭建城邑，相对比较落后。

到春秋末期，越王的王位已经传承了二十多代，到允常即位时，北方邻国吴国开始崛起。吴国在晋国的支持下，屡屡进犯楚国，楚国为了牵制吴国，便积极扶持越国，吴越进入争霸时代。

公元前496年，越王勾践即位。吴王阖闾（hé lú）（也作阖庐）听说越国国丧，举兵讨伐。勾践派遣死士挑战，死士排成三行，冲入吴军阵地，大声呼喊后自刎身亡。吴军看得目瞪口呆，越军趁机出击，射伤阖闾，阖闾在弥留之际，要求儿子夫差复仇。

勾践听说吴王夫差日夜操练士兵，要为父报仇，打算先发制人。范蠡（lǐ）劝阻，勾践不听，越军战败。勾践收拢五千名残兵逃回会稽，被吴军包围。

勾践问范蠡："没有听你的劝告，才到这个地步，现在该怎么办？"范蠡说："谦卑地对待吴王，派人给他送礼，如果他不答应，就亲自前往侍奉他，把自己也抵押给吴国。"勾践想不出别的办法，只好同意，派大夫文种出使吴国求和。

文种跪在地上，用膝盖行走，苦苦哀求夫差，夫差想要答应，但大臣伍子胥（xū）坚决反对。

勾践见求和不成，打算杀死妻儿，焚烧宝器，拼死一战。文种出主意说："吴国的太宰伯嚭（pǐ）贪财，可以贿赂他，再想办法。"勾践照办，伯嚭便替越国说了不少好话。夫差不听伍子胥的谏言，赦免了越王，撤军回国。

勾践回国后，反思犯下的错误和遭受的屈辱，将一个苦胆挂在座位上，无论日常起居，还是吃饭之前，都尝尝

▲ 勾践向吴王夫差求和

苦胆，对自己说："你忘记会稽的耻辱了吗？"勾践生活简朴，礼待贤人，赈济百姓，与百姓同甘共苦。又把整个国家的政务托付给大夫文种，派范蠡和大夫柘稽前去吴国充当人质，两年后才回国。

　　九年之后，夫差准备讨伐齐国。伍子胥劝阻他，认为越国是心腹之患，齐国只是皮肤病。夫差不听，出兵攻打齐国，大败齐军。这时，越国的实力已经很强了，为了稳妥，文种献计趁机向夫差借粮，试探他的态度。夫差又没有听从伍子胥的建议，借粮给了越国。伍子胥非常愤怒，伯嚭借机诽谤他,夫差一怒之下,派人赐给他属镂(lòu)剑,让他自杀。伍子胥临死前说:"我辅助你的父亲称霸,又拥戴你称王。当初,你要与我平分吴国,我都没有同意,现在却因为谗言杀我。你一个人扶不起吴国!"

又过了三年,勾践问范蠡说:"现在,吴王身边都是阿谀奉承之辈,可以进攻他们了吗?"范蠡说:"时机还不成熟。"

第二年春天,夫差带领国内精锐部队北上中原,会合诸侯,争夺霸位,留下太子带领老弱残兵守卫国都。范蠡说:"可以了。"勾践派出主力部队攻打吴国,吴军大败,吴国太子被杀。夫差正与诸侯订立盟约,派人带上厚礼求和。勾践估量不能一次灭亡吴国,同意讲和。

此后四年,越国不断进攻吴国。由于吴国的精兵都在与齐、晋争霸的战争中阵亡,因此连连战败。夫差的使者脱去上衣,跪着前行,请求讲和,赦免吴王。勾践不忍心,想答应下来。范蠡说:"会稽的事,是上天把越国赐给吴国,吴国不要。现在,是上天把吴国赐给越国,大王要重蹈覆辙吗?"勾践想起当年文种作为求和使者,哀求夫差的往事,还是不忍心。

范蠡鸣鼓进军,说:"大王已经把政务委托给臣了,请吴国使者赶快离去,否则就要对不起你!"吴国使者边哭边走。勾践很同情,派人对夫差说:"我安置你到甬东(今浙江省舟山市),给一百家的封地。"夫差说:"我已经老了,不能侍奉大王了!"说完便自杀了,死时遮住自己的面孔说:"我没脸与伍子胥相见!"勾践安葬夫差,诛杀伯嚭。

勾践平定吴国之后,率兵北渡黄河,与齐、晋等诸侯在徐州(今山东省藤县)会盟,向周王室进献贡品。周王派人赏赐祭肉给勾践,称他为"伯"。勾践离开,渡过淮河南下,将淮河流域送给楚国,把吴国侵占宋国的土地还给宋国,把泗水以东的土地送给鲁国。越军在长江、淮河流域横行无阻,诸侯们都来朝贺,越王号称霸王。

范蠡见勾践功成名就,马上离开越国,又写信给文种说:"飞鸟尽,良弓藏;狡兔死,走狗烹。越王只能共患难,不能共享乐,你为什么不离开?"文种看过信后,称病不上朝。有谣言说文种要作乱,勾践赐给文种一把剑,说:"你教给寡人伐吴七法,只用了三条就打败了吴国,还有四条在你那里,你替寡人去到先王面前试一下!"文种只好自杀。

勾践死后,他的子孙想延续越国的霸业,派兵攻打楚国,惨遭战败,丢掉了大片领土。越国从此分崩离析,各王族子弟有的称王,有的称君。汉朝建立后,汉高祖因为越国有辅佐他灭秦的功劳,又复立越王后人,继续越国的祭祀,直到汉武帝时,才完全归入汉朝。

经典原文与译文

【原文】吴既赦越,越王勾践反国,乃苦身焦思,置胆于坐,坐卧即仰胆,饮食亦尝胆也。曰:"女忘会稽之耻邪?"身自耕作,夫人自织,食不加肉,衣不重采,折节下贤人,厚遇宾客,振贫吊死,与百姓同其劳。欲使范蠡治国政,蠡对曰:"兵甲之事,种不如蠡;填抚国家,亲附百姓,蠡不如种。"——摘自《史记》卷四十一《越王勾践世家》

【译文】吴王夫差赦免越王之后,越王勾践回国,于是忧心苦思,在座位上放置苦胆,日常起居便抬头尝胆,吃饭时也尝胆。问道:"你忘了在会稽被包围的耻辱吗?"亲自耕作,夫人亲自织布,吃饭没有肉菜,穿的衣没有两种色彩,委屈自己礼敬贤人,从厚礼遇宾客,救济穷人,慰问死者,与百姓共同劳作。越王想让范蠡治国理政,范蠡回答说:"用兵打仗之事,文种不如范蠡;镇守安抚国家,让百姓亲近归附,范蠡不如文种。"

词语积累

吴越同舟：吴国、越国本为敌国，两国人却在一艘船上。比喻团结互助，同心协力战胜困难。

卧薪尝胆：卧薪，睡在柴草上。越王勾践战败后睡柴草，尝苦胆，时时警醒自己不忘记遭受的屈辱。形容刻苦自励，发奋图强。

疥癣（jiè xuǎn）之疾：疥、癣，很轻的皮肤病。比喻无关紧要、不碍大局的小问题。

十年生聚，十年教训：生聚，繁殖人口，积累物力；教训，教育，训练。比喻全国人民同心同德，积聚力量，发愤图强，以洗刷耻辱。

兔死狗烹：烹，烧煮。兔子被捕杀完之后，猎狗也就被煮着吃了。比喻事情成功之后，把出过大力的人一脚踢开或杀掉。

赵世家

> 《赵世家》记载造父成为赵氏始祖,发展成为晋国六卿之一,到三家分晋,成为战国七雄之一,再到被秦国灭亡(?—前222年),约八百年的历史。

赵盾独揽朝政

赵盾(公元前655—公元前601年),嬴姓,赵氏。晋文公之后晋国出现的第一位权臣,政治家、战略指挥家。死后谥号宣,故称赵宣子。

殷商名臣蜚廉有两个儿子:一个叫恶来,是秦人的祖先;一个叫季胜,季胜的后代造父善于造车,为周穆王平叛有功,受封赵城(今山西省洪洞县境内),故称赵氏。

西周末年,朝政腐败,赵氏后人离开周王室,前往晋国服侍晋侯,开始建立赵氏家族,发展得越来越兴旺。到赵衰(cuī)时,面对晋献公和他的儿子们,不知道该服侍谁，于是占卜，结果是服侍公子重耳吉利。赵衰便追随重耳，陪伴一生，为他出生入死。等到重耳即位为晋文公，赵衰成为大功臣，极受重用。

晋文公的儿子襄公即位的第六年，赵衰去世，赵盾继承父职，很快执掌中军，兼任执政大夫，集军政大权于一身，号称正卿。晋襄公去世后，太子年幼，赵盾本来想拥立年长的人——襄公的弟弟为国君，但襄公的夫人在朝堂上哭着质问赵盾："先君有什么罪过？为什么要抛弃他的嫡子？"襄公夫人又带着太子去赵盾家里闹，赵盾只好改变主意，拥立太子为国君，是为晋灵公。赵盾总揽国政。

晋灵公性情骄纵，赵盾多次进谏，灵公都不听。有一次，灵公吃熊掌，发现熊掌没有煮熟，就把厨师杀了，往外抬尸体的时候，正好被赵盾看见。灵公忌惮赵盾，也想杀了他。危急时刻，一位曾经受过赵盾恩惠的人救了他，赵盾这才得以逃脱。

赵盾还没有逃出国境，他的堂弟赵穿杀了晋灵公，拥立晋襄公的弟弟黑臀（tún）为君，是为晋成公。赵盾又回来主持国政。太史记载此事说："赵盾弑（shì）君。"赵盾感到委屈，太史说："你身为正卿，逃亡没有走出国境，回来又没有惩办凶手，所以是你杀了国君。"

赵国大夫贾季曾经出使别国，有人问他："贵国的赵衰与赵盾,哪个更贤能呢?"贾季说:"赵衰好比冬天的太阳,赵盾好比夏天的太阳!"很形象地描述了赵盾的行事风格。

赵盾一生侍奉三朝,执政二十多年,坚持以德服人、改革军政、打击政敌、拓展领土,延续了晋国的霸权,政绩显赫,赵氏一族也空前壮大。

程婴救孤

赵盾死后,他的儿子赵朔成为赵氏宗主,而他留下的政治遗产和影响力依然能左右政坛,给了政敌把柄。大夫屠岸贾(gǔ)仰仗晋景公的信任,决定清除赵氏势力,以赵盾弑君为借口,没有请示国君,擅自带领将领攻杀了赵朔、赵同、赵括、赵婴齐等人,灭绝了赵氏家族。

赵朔的妻子是晋成公的姐姐,怀有赵朔的遗腹子,逃到景公宫里躲起来。赵朔的门客公孙杵臼(chǔ jiù)责问赵朔的朋友程婴说:"你为什么不死?"程婴说:"赵朔的妻子即将生产,如果是男孩,我就奉养他;如果是女孩,我再死不迟。"不久,赵朔的妻子生下男孩,屠岸贾立即到宫中搜查,妈妈将儿子藏在裤子里,躲过了搜查。

脱险以后,程婴问公孙杵臼说:"今天侥幸逃脱,以

史记(上)·赵世家

后再来搜查,怎么办呢?"公孙杵臼问道:"扶立遗孤和死哪件更难?"程婴说:"死很容易,扶立遗孤很难。"公孙杵臼说:"赵氏的先君待你不薄,请你勉为其难吧,我去做那件容易的事!"

两人设法得到一个婴儿,伪装成遗孤,藏到深山里。程婴从山里出来,谎称贪图奖赏,要出卖婴儿的藏身之地,屠岸贾信以为真,派兵跟随程婴,找到了公孙杵臼。公孙

▼ 程婴救孤

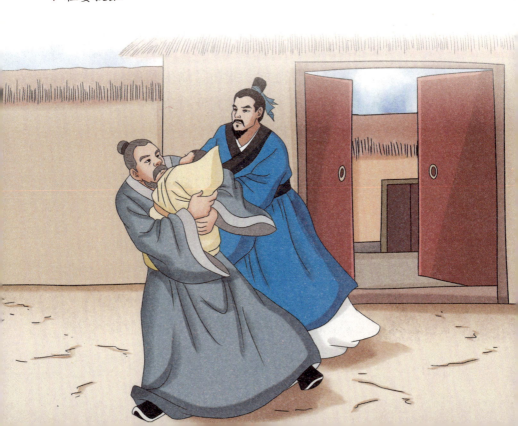

杵臼假哭道:"程婴,你这个小人!怎么忍心出卖赵家!"士兵们一拥而上,立刻杀了公孙杵臼和婴儿。程婴抱着真的赵氏孤儿,藏到山里。

过了十五年,晋景公生病,进行占卜,说是无辜的功臣在作祟。景公询问大夫韩厥,韩厥说:"这不就是赵氏吗?他们世代建立了功业,却被灭族,晋国人都感到悲哀啊!"接着把实情禀告景公。景公把赵氏孤儿藏在宫中,等将军们进宫问候,让他们见面。赵氏孤儿名叫赵武。赵武、程婴拜谢各位将军,将军们跟随程婴、赵武攻打屠岸贾,灭了他的家族。景公恢复了原属赵氏的封地。

等到赵武长大成人,行完加冠礼,程婴说:"当年的事变,家臣们大多以身赴死。我苟且偷生到现在,该到地下报告赵盾和公孙杵臼了。"说完便自杀了。赵武为程婴守孝三年,春秋祭祀,世代不绝。

赵无恤封侯立国

赵无恤(公元前505—公元前425年),嬴姓,赵氏。赵国的奠基人。死后谥号襄,故称赵襄子,与父亲赵简子并称"简襄之烈"。

赵无恤是赵鞅的庶子,从小不受重视,但他聪明好学,胆识过人。有一天，赵氏的家臣姑布子卿来拜见赵鞅，赵鞅把儿子们叫来，让他看相。姑布子卿摇摇头说："没有能做将军的人。"赵鞅说："赵氏要完了吗？"姑布子卿说："来的路上看到一个孩子，可能是你的儿子！"赵鞅叫来赵无恤。姑布子卿一见赵无恤，站起来说："这才是真正的将军！"赵鞅将信将疑。

有一次，赵鞅告诉儿子们说："我在常山之上藏了一个宝符，谁先找到就赏给谁。"几个儿子什么也没找到，只有赵无恤回来后说："找到了。从常山上往下，能看到代国，代国可以夺取。"赵鞅这才确定赵无恤贤能，废掉前太子，改立他为太子。

赵鞅死后，赵无恤接替了父亲的卿职。首先攻占代国，并入赵氏版图。这时的晋国由智瑶担任正卿，执掌朝政。智瑶利用职务之便，疯狂扩张势力，智氏迅速成为众卿中实力最强的一家。

有一年，智瑶与赵无恤率军包围了郑国的国都，智瑶命令他率先攻城。赵无恤巧妙地用外交辞令拒绝，转而让智瑶出兵。智瑶恼羞成怒，辱骂赵无恤，赵无恤说："我父亲让我成为继承人，就是要忍辱负重，这对赵氏家族只有好处，没有坏处！"

公元前455年，智瑶为了提高公室威望，要求赵、魏、韩三家割地给公室，魏、韩两家照办，但赵无恤说："先人留下的土地，一寸都不能让！"智瑶大怒，率领韩、魏两家合攻赵氏，赵无恤与韩、魏合谋，吞并了智氏，正式确立了赵国的版图。

公元前403年，赵、魏、韩三家分晋，周威烈王册封赵襄子的孙子赵籍为侯，是为赵烈侯。

武灵王胡服骑射

赵雍（约公元前340—公元前295年），嬴姓，赵氏。赵国第六代君主，著名的政治家、改革家。死后谥号武灵王。

赵雍的父亲赵肃侯作风强硬，屡屡与周边国家开战。赵肃侯去世，赵雍即位，是为赵武灵王，时年十五岁。周边五国听说了消息，各自派出一万精锐部队参加葬礼，想利用主少国疑，趁机牟利。

赵武灵王面对如此危局，下令全国戒严，各主力部队进入一级戒备，随后马上展开外交攻势，分化五国，成功化解了一场灭国的危机。

赵武灵王执政的第十九年，召见大臣楼缓说："我们的北边有燕国，腹地有中山国，东边是东胡，西边是林胡、楼烦、秦国、韩国的边界，如果没有强大的兵力，国家就

史记（上）·赵世家

会灭亡，怎么办呢？我想更改习俗，教导百姓穿胡人服装，练习骑射。"楼缓表示赞同，但其他大臣都不同意。

赵武灵王想到自己的叔叔赵成威望很高，派使者转告他说："请叔父为国家考虑，穿上胡服，代表贵族听从政令。"赵成没有接受，使者如实禀报。

赵武灵王亲自拜访赵成，说："衣服是为了便于穿着，礼仪是为了便于行事，因时制宜、进退取舍，都可以灵活

▼ 赵武灵王胡服骑射

一些。叔父说的是世俗的想法,我说的是制止世俗的想法。"又接着分析说:"我国东边和齐国、中山国共享两条河,可没有舟船设施,西边是胡人的边界,但没有骑射装备。没有舟船,拿什么守住河道?没有骑射,怎么防备胡人?改变服装、练习骑射,就是为了防守边界。"

赵成理解了赵武灵王的意思,第二天穿着胡服上朝。赵武灵王正式发布改穿胡服的命令,又将道理解释给众臣听,招募士兵练习骑射。

不过两年功夫,赵武灵王就训练出一支强劲的骑兵,往东攻占中山国,往北攻占燕国之地,往西攻占胡人之地,设置云中郡、九原郡。

赵武灵王为了专心军事,自称主父,将王位传给次子赵何,是为赵惠文王。主父穿上胡服,招收士兵,考察地形,攻占了北方大片土地。

大儿子赵章不满父亲把王位传给弟弟,想要杀弟自立,事情败露,逃到赵武灵王沙丘宫藏起来。赵成等人包围沙丘宫,逼死了赵章,因为害怕赵武灵王秋后算账,便继续实施包围,不允许任何人出宫。赵武灵王无法出宫,三个多月后饿死在宫中。赵成等人确认赵武灵王已死,才向诸侯发布讣告。

赵武灵王开启的胡服骑射改革,极大增强了国力,赵国迅速崛起，成为战国中后期唯一能与秦国抗衡的国家。本次改革也是我国历史上为数不多的成功改革案例之一，在历史上影响很大。

孝成王贪城损国

赵丹（？—公元前245年），嬴姓，赵氏。赵惠文王的儿子，赵国第八代君主。死后谥号孝成王。

赵武灵王死后，赵国虽然整体实力稍弱于秦国，但赵惠文王善于用人，其手下有贤臣名将如赵胜、廉颇、蔺相如、赵奢、乐毅等，在秦赵争霸中，秦国并未占到便宜。

公元前265年，赵丹即位，是为赵孝成王。三年后，秦国进攻韩国，原属韩国的上党郡（今山西省东南部）被孤立，韩王下令郡守冯亭降秦。冯亭放眼天下，觉得只有赵国有实力与秦国抗衡，就派使者向赵国进献上党十七城。

赵孝成王大喜，大臣赵豹反对说："秦国对上党志在必得，赵国白白得利，不是好事，秦国不会善罢甘休。"赵孝成王有点犹豫，又舍不得土地，召见赵胜商议，赵胜觉得平白得到十七座城池，是天大的便宜，于是派人接收城池。

秦国怒不可遏，转头攻打赵国。两军在长平（今山西省高平市境内）对峙三年，赵孝成王不满廉颇持重防守、拖垮秦军的战术，换上纸上谈兵的赵括，赵军战败投降，秦军将四十多万降卒全部坑杀。

长平之战是秦赵两国的国运之战，当时，秦昭襄王已经在位四十多年，而赵孝成王不过初出茅庐，最终为自己的贪心和幼稚付出了代价，赵国从此一蹶不振。

等到赵孝成王的孙子赵迁即位，诛杀名将李牧、司马尚，秦军攻入邯郸，赵王投降。公元前222年，秦军俘虏赵代王赵嘉，赵国彻底灭亡。

经典原文与译文

【原文】赵简子有臣曰周舍，好直谏。周舍死，简子每听朝，常不悦，大夫请罪。简子曰："大夫无罪。吾闻千羊之皮不如一狐之腋。诸大夫朝，徒闻唯唯，不闻周舍之鄂鄂，是以忧也。"——摘自《史记》卷四十三《赵世家》

【译文】赵简子有个臣子叫周舍，喜欢直言进谏。周舍死后，赵简子每次临朝听政，常常不高兴，大夫们请求治罪。赵简子说:"大夫们没有罪。我听说一千只羊的皮,不如一只狐狸腋下的皮毛保暖。各位大夫上朝,只听到唯唯领命声,而听不到周舍那种直言争辩声,所以感到担忧啊。"

词语积累

董狐直笔:董狐,晋国的史官。史官董狐根据事实,如实记载赵盾弑君之事。比喻秉笔直书,尊重史实,不阿权贵的正直史家。

不遗余力:遗,保留。把所有力量都使出来,一点不保留。

一狐之腋:一只狐狸腋下的皮毛。比喻珍贵的物品。

谔(è)谔之臣:谔谔,直言争辩的样子。比喻说话率真、直言争辩的臣子。

魏世家

《魏世家》记载毕万成为魏氏始祖,发展成为晋国六卿之一,到三家分晋,成为战国七雄之一,再到被秦国灭亡(公元前7世纪—公元前225年),共四百多年的历史。魏国后来迁都大梁(今开封市),也被称为梁国。

● 文侯百年霸权

魏斯(?—公元前396年),姬姓,魏氏。魏国开国君主,杰出的政治家。死后谥号文侯。

魏氏先祖与周王室同姓,被封在毕,故以毕为氏。晋献公时,毕万立下战功,被封在魏(今山西省芮城县),便以魏为氏,毕万成为魏氏祖先。

公元前453年,晋国列卿赵、魏、韩三家联合,灭掉了实力最强的列卿智氏,趁机将智氏与公室土地瓜分完毕,三卿成为事实上三个独立的王国。其中,赵氏获得晋国北部的大片土地;南部的土地,大致由韩氏占中间,魏氏东西各占一部分,国土很分散。魏氏的土地虽然肥沃,但是西面是秦国,北面是赵氏,东边是齐国,南边是韩氏、楚国,四面皆敌。

公元前446年,魏斯成为魏氏领袖。即位初期,他确定了紧密联合赵氏、韩氏,收拢人才,实施变法,以改变魏国危局的策略。

魏斯听说有个叫段干木的贤才,连夜登门拜访。段干木说:"不做臣子,不能见诸侯。"翻墙躲避。魏斯以上宾之礼对待段干木,每次经过他的住处,都要停车致意,表达诚意。车夫问他为什么,魏斯说:"我只是势力上富有,段干木却是道德上富有。"魏斯的诚心打动了段干木,两人得以相见。这件事传遍诸侯,秦国曾经想进攻魏国,有人劝阻说:"魏君礼贤下士,大家都称赞他的仁德,不能图谋魏国。"

魏斯还拜孔子的弟子、大儒子夏为老师,十分敬重他。一大批贤才追随子夏来到魏国,形成了著名的西河学派,魏国俨然成为中原各国的文化中心。魏斯又任用著名军事家吴起为将,往西进攻秦国,连年击败秦军,占领黄河西岸大片土地,设置西河郡。任用名将乐(yuè)羊攻占了中

▲ 魏文侯礼敬人才

山国，任用西门豹治理邺城（今河北省临漳县），甚至重用狄人翟璜（zhái huáng）担任国相。而这些人才，全都出身平民，无一贵族，魏斯这种不问出身、唯贤是举的方式，吸引了很多人前来投奔。

时值战国初期，传统的奴隶制正在瓦解，封建制经济蓬勃发展，为了确保新兴地主阶级的统治，实施变法，调整生产关系以适应生产力的发展，成为各国的必然选择。魏斯为了增强国力，应对激烈的国际竞争，率先任用李悝（kuī）变法。

李悝废除世卿世禄制，根据能力选拔官员。废除井田制，提出"尽地力"的农业政策，确定土地私有，大建水利工程。改革军制，建立武卒制，使得魏国武卒成为战国初期战力最强的军队。实施法治，颁布《法经》，建立了完备的法律体系。《法经》是我国第一部比较系统完整的法典，成为后世历代法典的蓝本。李悝变法成为商鞅变法的标杆，进而影响我国政治两千年。

　　不过数年，魏国一跃成为战国初期最强大的国家。公元前403年，周威烈王正式承认魏斯为诸侯，是为魏文侯。魏文侯掌权五十年，在政治、经济、文化、军事等领域的策略，不仅奠定了魏国一百多年无可撼动的霸主地位，其施政经验，也成为后世历代帝王效仿的对象。

惠王徐州相王

　　魏䓨（yīng）（公元前400—公元前319年），姬姓，魏氏，名䓨。魏文侯的孙子，魏国第三任国君。死后谥号惠王，又称梁惠王。

　　魏文侯去世后，儿子魏武侯即位。武侯自恃国力强大，逐渐改变父亲定下的三晋联合、全力灭秦战略，与赵国闹翻，又先后与楚国、齐国交战，四面树敌；任用吴起灭秦，吴起立功反而遭到猜忌，被迫离开魏国，给了秦国喘息之机；吴起出走之后，魏国贵族趁机掌握大权，又回到了任人为贵的老路。

魏武侯去世后，儿子魏罃即位，是为魏惠王。这时，魏国依然拥有强大的经济、军事实力，是列国中的霸主。魏惠王盲目自信，继续错误地执行父亲在位时任人为贵、四面树敌以及破坏三晋联盟的战略。

魏惠王登基十年，分别与韩、赵、齐、秦、宋交战，两次败给秦国，甚至连丞相公孙痤都被秦军俘虏。后来，魏惠王重用名将庞涓，打了几次胜仗，不禁产生了错觉，派重兵进攻赵国都城邯郸。赵国向齐国求救，齐国派名将田忌、孙膑在桂陵（今地有争议）打败庞涓。

十三年后，魏惠王再次以庞涓为主帅，太子魏申为上将军，出兵攻韩，韩国向齐国告急。齐国派田忌、孙膑在马陵[今山东省莘（shēn）县境内]打败魏军，魏国精锐尽失，庞涓身亡，魏申被俘，魏国的军事实力彻底衰弱。

秦国经过商鞅十多年的变法，已经强大起来，便联合齐国、赵国进攻魏国，魏国主将公子魏卬（áng）被俘虏，吴起曾经攻占的秦国土地，全部丧失。魏惠王被迫迁都大梁，以躲避秦国的锋芒，从此丧失了霸主地位。

秦国一直地处西陲，从秦穆公开始，就积极东出，企图与中原各国争霸，被晋国牢牢压制。魏国崛起后，魏文侯更是试图灭掉秦国。现在秦国强势崛起，图谋东出，魏国成为它的绊脚石，不断被秦国进攻。

为了遏制秦国扩张，魏惠王率领韩国及一些小国到徐州（今山东省滕县）朝见齐威王，尊他为王。齐威王不敢独自称王，也承认魏惠王称王，史称"徐州相（xāng）王"。在这以后，中原的诸侯们纷纷称王，否认了周天子天下共主的地位。

魏惠王在位五十一年，看不清大局，又错失商鞅这种绝世之才，使得秦国崛起，而魏国从一流强国的地位掉落，此后不断衰弱。

安釐王抱薪救火

魏圉（yǔ）（？—公元前243年），姬姓，魏氏，魏国第六任君主。死后谥号安釐（xī）王。

魏安釐王即位时，秦国已经成为当时最强的国家，加快了统一步伐，不断清除东进的障碍。魏国被打得毫无还手之力，有大臣建议安釐王割地求和。纵横家苏代对安釐王说："拿土地求和，就像抱着木柴去救火，木柴没烧光，火是不会灭的。魏国的土地不送光，秦国不会停手。"魏安釐王没有听从。果然,秦国并没有停下脚步,继续进攻魏国,魏国被迫归附秦国。

齐、楚两国听说魏国臣服了秦国,马上联合攻魏,魏国向秦国求救,秦国不肯出兵。魏国有个人叫唐雎(jū),已经九十多岁了,自告奋勇出使秦国。唐雎拜见秦王,秦王说:"寡人知道魏国的危急了。"唐雎说:"大王知道魏国的危急,却不知道秦国的危急。魏国是拥有万辆战车的大国,甘愿侍奉秦国,是因为秦国的强大可以帮助自己。现在,齐楚联军到了魏都郊外,等魏国割地加入合纵,秦国将要失去东边的藩属,而增强了齐、楚的实力,危难的是秦国啊。"秦王马上发兵援救,魏国获得安定。

秦国救援魏国后,魏安釐王产生了幻觉,觉得秦国可以亲近,便想趁机进攻韩国,收回失地。魏安釐王的弟弟信陵君说:"秦人的习俗与戎狄一样,贪婪凶残,不讲信用,唯利是图。魏国一旦占领韩国,国境将全面与秦国接壤。按秦国的脾气,会抓紧进攻魏国,魏国将永无宁日!"

长平之战后,秦军围困邯郸,赵国向魏国求救。信陵君多番恳求魏安釐王出兵。魏安釐王惧怕秦国,不敢出兵。信陵君在门客的帮助下,得到魏王调兵的兵符,夺得兵权,带领大军救赵,楚国也派出春申君救援赵国。三国联合,一举击溃秦国,解除了赵国的危机。

信陵君因此受到魏安釐王的猜忌，待在赵国不敢回来。十年后，秦国侵略魏国，魏安釐王这才想到任用信陵君，最终兄弟和解。信陵君担任上将军，向各国求救，很快召集了五国联军抗秦，拯救了魏国。

公元前243年，魏安釐王和信陵君一同病死。秦国得知信陵君死讯，立即出兵，连续攻取魏国的城池。十多年后，魏国灭亡。

经典原文与译文

【原文】子击逢文侯之师田子方于朝（zhāo）歌，引车避，下谒。田子方不为礼。子击因问曰："富贵者骄人乎？且贫贱者骄人乎？"子方曰："亦贫贱者骄人耳。夫诸侯而骄人则失其国，大夫而骄人则失其家。贫贱者，行不合，言不用，则去之楚、越，若脱躧（xǐ）然，奈何其同之哉！"子击不怿而去。——摘自《史记》卷四十四《魏世家》

【译文】魏文侯的儿子魏击在朝歌遇到文侯的老师田子方，魏击退车避让，下车拜谒。田子方没有回礼。魏击

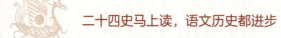

因此问他说:"是富贵者对人傲慢吗?还是贫贱者对人傲慢呢?"田子方说:"也就是贫贱者对人傲慢罢了。如果诸侯对人傲慢,则失去他的封国,如果大夫对人傲慢,则失去他的家。贫贱者,遇到行为不合,主张不被采用,则离开这里前往楚国、越国,就像脱掉草鞋那样,怎么能与富贵者一样呢!"魏击不高兴,就走了。

词语积累

干木富义:干木,段干木,魏国名臣。段干木富有仁义。比喻赞叹人的贤德。

世卿世禄:世卿,世世代代连任高官;世禄,世世代代享受土地及税收。古代的一种选官制度。

抱薪救火:抱着柴火去救火。比喻用错误的方法消除灾祸,反而使灾祸更大。

因势利导：因，根据；势，趋势；利导，引导。根据事物发展的趋势加以引导。

南辕北辙：辕，车前驾牲口的直木；辙，车轮碾过的痕迹。想要往南方去，却驾着车往北走。比喻行动和目的相反。

人弃我取：别人舍弃的，我去取来。指商人善于掌握行情及时机，以谋取厚利。现形容自己的兴趣、见解与他人不同。

三人成虎：三个人造谣说街市上有老虎，必定会让众人相信这是真的。比喻谣言一再被提及，就会使人信以为真。

以邻为壑：壑，深沟。把邻国当作排泄本国洪水的大水坑。比喻将自己的困难或灾祸转嫁给别人。

二十四史马上读,语文历史都进步

韩世家

《韩世家》记载韩万成为韩氏始祖,发展成为晋国六卿之一,到三家分晋,成为战国七雄之一,再到被秦国灭亡(公元前7世纪—公元前230年),共四百多年的历史。韩国与赵国、魏国合称"三晋",是三国中实力最弱、最早被秦国所灭的国家。

韩献子执法

韩厥(jué)(生卒年不详),姬姓,韩氏,名厥。晋国政治家,韩氏家族史上的关键人物。死后谥号献,故称韩献子。

韩氏本来是晋室宗族的一支,被封在韩原(今陕西省韩城市),故称韩氏。晋文公时,韩氏衰败,只剩下一个幼子韩厥,被名臣赵衰(cuī)抚养。赵衰的儿子赵盾执掌朝政,权倾朝野,韩厥作为赵氏家臣,担任三军司马,负责军中执法。

韩厥刚上任不久，遇到军队出征，赵盾的御者驾车在军中驰骋，搅乱了秩序。韩厥看见之后，马上下令斩杀御者。御者不仅是赵盾的亲信，还身居要职，众人听说此事，都为韩厥捏了一把汗。赵盾知道后，对韩厥大加赞赏，说："刚才是我故意让他这么干的，就是为了考验你！好好干，将来的执政之位就是你的。"

不久，齐国进攻鲁国，鲁国向晋国求救，晋国出兵。晋军渡过黄河时，主帅手下一名将官违纪，韩厥执法如山，将他斩首。等到主帅听说消息，前来营救此人，只看到一颗人头。主帅趁机下令将首级传示军中，三军肃然。

韩厥已经凭借功劳进入卿大夫行列，但他依然以赵氏家臣自居，尽心辅佐赵氏。赵氏因为权势太重，招来满门被杀的祸患。众卿纷纷落井下石，想趁机捞好处，唯有韩厥不为所动，坚决不出兵攻赵。

等到赵氏孤儿赵武长大，韩厥趁机向晋景公进言，请求封赏赵氏后裔。当时，赵武年纪还小，韩厥悉心培养他成才。

韩厥的功勋以及他对赵氏的忠贞，赢得了极高的声誉。晚年时，晋悼公鉴于其他公卿争权夺利的贪婪嘴脸，毅然提拔韩厥为执政大夫，兼任中军元帅，韩厥果然实现了赵盾当初的预言。

韩厥历仕五朝，公忠体国，极富政治眼光，为韩氏将来的壮大奠定了基础。

申不害变法

韩武（？—公元前 333 年），姬姓，韩氏，韩国第六位国君。死后谥号昭侯。

公元前 403 年，韩虔与赵氏、魏氏一同受封诸侯，正式建立韩国。

韩国被魏国、赵国、齐国、楚国、秦国等强国包围，没有什么发展空间，国土也是七国中最小的一个。立国之初，紧跟魏国步伐。在各国威压下，只能潜心发展经济，不敢动用武力。

韩文侯即位，经过两代君王的休养生息，攻打宋国，俘虏了宋国国君。他的儿子哀侯即位，灭了郑国，将都城迁到新郑（今河南省新郑市）。

即便如此，韩国国内依然是政治混乱，法律、政令自相矛盾，群臣百姓无所适从，形势很严峻，急需改革。

韩国灭郑后，得到一个小吏叫申不害。韩昭侯即位的第四年，魏国进攻韩国，群臣束手无策，关键时刻，申不害求见韩昭侯，说："要挽救韩国，只有示弱。现在魏国强大，魏王很骄傲，鲁国、宋国、卫国都去朝见。君王拿着玉圭，以臣子的礼仪去见魏王，魏王一定心满意足，其他诸侯也会同情韩国。"韩昭侯照办，魏惠王果然很高兴，还与韩国结为友邦。

韩昭侯见申不害见解独到，问他道："先生解决了当下的危机，能不能解决长久的危机？"申不害说："国事就更简单了，只不过是对群臣进行监督考察，能者上，不能者下。君主不需要会太多，只要端居高位，提出想法，细节交给臣

▼ 申不害变法

二十四史马上读，语文历史都进步

子完善。"韩昭侯觉得他很有能力，力排众议，拜他为相。申不害也感激韩昭侯的赏识，决定在韩国实行变法。

申不害的政令一出，朝堂顿时清明不少，以往偷懒投机的臣子都被清理。又收编贵族的私兵，使得国君的军队数量大增，战斗力也大大提高。申不害很重视手工业，他发现韩国善于制造兵器，便大力发展，韩国的兵器迅速闻名天下，成为强弩利剑的代名词。

申不害为相十五年，韩国国内安定，各国不敢入侵。这一时期成为韩国历史上最强盛的时期。但是，申不害的变法不彻底，没有触及根本制度，他去世后，变法中止，韩国很快就衰弱下去了。

宣惠王称王

韩康（？—公元前312年），姬姓，韩氏。韩昭侯的儿子。死后谥号宣惠王，也称韩威侯、韩宣王。

韩康即位时，中原局势十分混乱，魏国的霸权衰弱，东方的齐国开始强大，西方的秦国上升势头很明显，其他各国明争暗斗，时而合纵，时而连横。

公元前325年，秦国国君嬴驷公然称王，魏国感受到压力，便邀请韩康会面，尊他为王。由于秦国发展势头太快，两年之后，纵横家公孙衍倡导联合山东各国一同抗秦，韩国、魏国、赵国、燕国和中山国会面，互相承认对方为王，史称"五国相王"。韩康成为韩国第一位称王的君主，是为韩宣惠王。"五国相王"标志着周天子的权威彻底丧失。

韩康虽然称王，但韩国积弱的局面并没有改变，战国中期，各国的兼并之战越来越激烈。韩国地处天下之中，成为各国鱼肉的对象。秦国与楚国争霸时，秦国要挟韩国一起攻楚；秦国与赵国争霸时，韩国上党郡守拒不降秦，引发长平之战。

在整个战国期间，韩国大部分时间都任人欺凌，存在感很弱。在不断的兼并与消耗中，于公元前230年被秦国吞并，成为战国七雄中第一个被灭的国家。

经典原文与译文

【原文】韩告急于秦，秦不救。韩相国谓陈筮（shì）曰："事急，愿公虽病，为一宿之行。"陈筮见穰（ráng）侯。穰侯曰："事急乎？故使公来。"陈筮曰："未急也。"穰侯怒曰："是可以为公之主使乎？夫冠盖相望，告敝邑甚急，公来言未急，何也？"陈筮曰："彼韩急则将变而

佗（tuó）从，以未急，故复来耳。"穰侯曰："公无见王，请今发兵救韩。"——摘自《史记》卷四十五《韩世家》

【译文】韩国向秦国告急，秦国不来援救。韩国相国对陈筮说："事情紧急，陈公虽然生着病，请连夜到秦国去。"陈筮拜见穰侯魏冉。穰侯说："事情紧急吗？所以派陈公你来。"陈筮说："不急呀。"穰侯发怒道："陈公这样可以做你君主的使臣吗？你们的使臣车马来来往往，告诉我们说很着急，陈公来了却说不急，为什么？"陈筮说："韩国如果真的危急，就会改变策略追随其他国家，因为还没有危急，所以我又来了。"穰侯说："陈公不必去见秦王了，我现在就去请求秦王发兵救援韩国。"

时绌（chù）举赢：绌，不足；赢，有余。在困难的时候，强做奢侈的事情。

买椟（dú）还珠：椟，木匣；还，退还。买下装了珍珠的盒子，退还珍珠。比喻没有眼力，取舍不当。

玉卮（zhī）无当：卮，古代盛酒的器皿；当，底。玉质酒杯没有底。比喻事物华丽但没有实际用途。

忠言逆耳：逆耳，不顺耳。正直的劝告听起来不顺耳，但有利于改正错误。

吹毛求疵（cī）：求，找寻；疵，毛病。吹开皮上的毛寻找疤痕。比喻故意挑剔别人的不足，寻找错误。

自相矛盾：矛，进攻的武器；盾，防守的盾牌。比喻说话做事前后抵触。

田敬仲完世家

> 《田敬仲完世家》记载陈完成为田氏始祖,到田齐太公建国,最后被秦国所灭(公元前705—公元前221年),共四百八十四年的兴衰史。

● 田氏专权

田乞(? —公元前485年),妫(guī)姓,田氏,齐国大臣。死后谥号釐(xī),故称田釐子。

田氏的先祖陈完,是陈国公室后裔,生于公元前705年。因为陈国内乱,陈完逃到齐国避难,齐桓公授予他官职,在齐国扎根下来,为了避祸,改为田氏。

齐景公时,田乞担任大夫。田乞用小斗向百姓征收赋税,用大斗贷给百姓粮食,百姓受了恩惠,都归心于他,田氏家族势力日益强大。国相晏婴多次劝谏景公制止,景公不予理睬。

齐景公的太子早死，想改立宠妾芮（ruì）姬的儿子姜荼（tú）为太子，但是芮姬地位低下，大臣们都不同意。齐景公下令国惠子和高昭子驱逐群公子，拥立姜荼即位，是为齐晏孺子。

田乞与齐景公的另一个儿子姜阳生交情很好，想拥立他为君。于是假意侍奉国惠子、高昭子，经常上朝时说："大夫们之前没有支持齐晏孺子，现在担心被报复，打算作乱。"田乞又欺骗大臣们说："高昭子很可怕啊，因为各位过去没有支持齐晏孺子，想对大家下手。"大夫们感到惊恐，问田乞怎么办，田乞说："不如先发制人。"于是田乞与鲍牧及各位大夫领兵攻进宫廷，赶走国惠子，杀了高昭子，驱逐齐晏孺子。

事后，田乞邀请大夫们来家中作客，在宴会中间放了一个大麻袋，鼓鼓囊囊装着东西。大夫们感到好奇，酒饮到一半，田乞说："我给大家带来了齐国国君。"于是打开口袋，姜阳生从里面出来。大夫们拜倒在地，田乞编谎话说："我和鲍牧合谋拥立公子阳生。"鲍牧本以为只是驱赶高昭子，发现上当受骗，怒气冲冲地说："你们忘记景公的遗命吗？"大夫们想反悔，但是姜阳生就坐在眼前，而齐晏孺子已经被赶出宫外，鲍牧也想起了这点，连忙改口说："都是景公的儿子，怎么不可以呢？"一同拥立姜阳生为国君，是为齐悼公。田乞任国相，独揽大权。

田乞死后，他的儿子田常接任。田常先后杀掉两任国君，铲除鲍氏、晏氏等大族，独掌大权。

田氏代齐

田和（？—公元前385年），妫姓，田氏。陈完的九世孙，田常的曾孙，田齐开国君主。死后谥号齐太公。

田常掌握齐国大权之后，害怕各国诸侯联合起来反对自己，就把侵占鲁国、卫国的土地全部归还；又与晋国的赵、魏、韩三家分别订立盟约，派出使臣与吴国、越国互通；成功稳定了外部。又在国内广施恩德，给老百姓实惠，稳定了内部。

田常对新即位的齐平公说："请君王负责施加恩德，当好人；臣负责惩罚，当恶人。"五年之后，齐国上下都害怕田常，田常成功把持住了政权。又划出大片土地作为自己的封地，面积比齐平公的还大。田氏很快成为齐国最庞大的家族。

等到田常的曾孙田和执政，齐康公在位时，田氏的权势滔天，齐公室已经岌岌可危。齐康公沉湎酒色，不理政事，田和把他赶到海岛上，给予一座城作为食邑，自己自立为

▲ 田常代姜齐

齐国国君。

后来,赵、魏、韩三家向周天子请求成为诸侯,周天子准许了。田和便请魏文侯帮忙,向周天子请求成为诸侯,公元前386年,田和正式取代姜氏,成为齐侯。史称"田氏代齐"。

威王比宝

田因齐(公元前378—公元前320年),妫姓,田氏。

齐太公田和的孙子，田齐第四代国君。死后谥号威王。

齐威王即位的前几年，把所有政事都交给卿大夫办理，自己专心玩乐。期间，各国都来进攻齐国，齐国人抱怨没有太平。到了第九年，齐威王召见即墨城（今山东省平度市）的大夫说："自从你治理即墨城，每天都有人说你的坏话。寡人派人到即墨视察，百姓富足，荒野开发成良田，官府没有积压公事。这说明你没有奉承寡人身边的侍从来求得赞扬。"于是封给即墨大夫一万户食邑。又对阿(ē)城（今山东省阳谷县）大夫说："自从你治理阿城，每天都有人说你的好话。寡人派人到阿城视察，田地荒废，百姓贫困。你必然贿赂了寡人身边的人！"立即杀了阿城大夫，并把吹捧过他的人一并杀了。

消息传出，举国震惊。大臣们努力改正错误，不敢溜须拍马，也不敢懒惰。齐威王整顿军队，分别攻打赵国、卫国、魏国，魏惠王主动献出观城，赵国人归还齐国的长城。之后二十多年，诸侯们不敢对齐国用兵。

齐威王与魏惠王一起打猎，魏惠王问："大王有宝物吗？"齐威王说："没有。"魏惠王说："寡人的国家虽然小，也有能够照亮前后二十四辆车的夜明珠，齐国怎么可能没有宝物呢？"齐威王说："这么说起来，敝国也有。寡人有位大臣叫檀子,镇守南城,楚国人不敢侵掠,附近的十二诸侯都来归附。有位大臣叫盼子,镇守高唐,赵国人不敢到黄河岸边捕鱼。有位官员叫黔夫,镇守徐州,燕国人到北门祭祀,赵国人到西门祭祀,请求神灵保佑不被他攻伐,自愿追随他的有七千多户。还有位大臣叫种(chóng)首,负责治理盗贼,现在道不拾遗。这些宝物光照千里,岂止是二十四辆车!"魏惠

▼ 齐威王与魏惠王比宝

王心中惭愧，很不高兴地回去了。

齐威王在位期间，任用邹忌担任国相，田忌为大将，孙膑任军师，对内改革政治，严明法制，选拔人才，国力日益强盛；对外先后在桂陵之战、马陵之战中大败魏军，称雄诸侯。又在国都临淄修建稷下学宫，招揽诸子百家论政讲学，吸引了很多人才汇聚到齐国，为学术事业的发展做出了巨大贡献。

湣王作死

田地（？—公元前284年），妫姓，田氏。齐威王的孙子，田齐第六任君主。死后谥号湣（mǐn）王。

齐国经过齐威王、齐宣王父子的治理，飞速发展。等到齐湣王即位，齐湣王率领诸侯击败楚国，迫使楚国依附齐国；又率领联军打败秦国，迫使秦国割地求和，随后又击败企图偷袭的燕国。湣王志得意满，天下进入齐、秦争霸的时代。

秦昭襄王也想称帝，担心齐国反对，恭敬地尊齐湣王为东帝，自称西帝，并与五国约定瓜分赵国。燕昭王担心赵国灭亡后，齐国更加强大，进而吞并燕国，请纵横家苏代前去游说齐湣王。

齐湣王见到苏代，问道："秦国送来了帝号，你觉得怎么样？"苏代说："臣请求让秦国先称帝。如果秦国称帝后天下安定，大王再称帝也不迟；如果秦国被天下厌恶，大王就不要称帝了，还可以用这个收拢人心。况且，如果有两个帝王，大王认为是尊崇齐国呢，还是尊崇秦国呢？"齐湣王说："尊崇秦国。"苏代问："放弃帝号后，天下是敬爱齐国呢，还是敬爱秦国呢？"齐湣王说："敬爱齐国，憎恨秦国。"苏代接着问："东帝、西帝订立盟约进攻赵国有利，还是讨伐宋国的暴君有利？"齐湣王想了想说："讨伐宋国有利。"苏代说："既然如此，希望大王明确放弃帝号，收拢人心，背弃秦国，攻打宋国。占领宋国之后，齐国就成了与魏国、赵国、楚国同时接壤的大国。宋国暴君无道，讨伐宋国无损大王的名声，还能使各国迫于形势而归附。然后再在名义上尊重称帝的秦国，让天下人都憎恨他，齐国就立于不败之地了。"

齐湣王于是放弃了帝号，秦国不敢独自称帝，也放弃了帝号。

接着，齐湣王第三次攻宋，吞并了宋国。宋国的土地肥美，赵、魏、韩、楚又嫉妒又害怕，彻底走到了齐国的对立面。两年后，燕昭王看准时机，联合其他五国共同伐齐，齐军大败，湣王出逃，被楚军将领所杀。齐国从此一蹶不振。

田齐灭亡

田建(约公元前280—公元前221年),妫姓,田氏。齐湣王的孙子,田齐最后一位国君。也称为齐废王、齐共王。

公元前284年,燕昭王联合秦、楚、赵、魏、韩五国联合攻齐,齐湣王急于求胜,反而溃败,燕国攻占齐国大部分城池,仅剩即墨、莒(jǔ)城(今山东省日照市)还在坚守,齐国几乎灭亡。

齐国名将田单紧密依靠即墨军民,坚守五年,实施反间计,使燕惠王怀疑攻齐主将乐毅,乐(yuè)毅逃亡到赵国;又用火牛阵打败燕军,从莒城迎回齐湣王的儿子,拥立他为齐襄王,一路收复土地,燕军全部撤离齐国境内。

齐国经过这次战败,国库空虚,经济凋敝,到齐襄王的儿子田建即位,国力还是很微弱。此时,秦国统一天下的趋势已经不可逆转,为了稳妥起见,秦国采取远交近攻战略,稳住地处东方的齐国,先后灭掉了其他五国。

公元前221年,秦军欺骗田建,说投降能获得五百里封地,田建毫不犹豫地投降了,齐国灭亡。秦始皇将他安置到边地,赶进树林里,不提供食物,田建活活被饿死。

经典原文与译文

【原文】桓公午五年,秦、魏攻韩,韩求救于齐。齐桓公召大臣而谋曰:"蚤救之孰与晚救之?"驺忌曰:"不若勿救。"段干朋曰:"不救,则韩且折而入于魏,不若救之。"田臣思曰:"过矣君之谋也!秦、魏攻韩,楚、赵必救之,是天以燕予齐也。"桓公曰:"善。"乃阴告韩使者而遣之。韩自以为得齐之救,因与秦、魏战。楚、赵闻之,果起兵而救之。齐因起兵袭燕国,取桑丘。——摘自《史记》卷四十六《田敬仲完世家》

【译文】齐桓公田午五年,秦国、魏国进攻韩国,韩国向齐国求援。齐桓公召集大臣商议说:"早去救赵国好,还是晚去救赵国好?"驺(也作邹)忌说:"不如不救。"段干朋说:"不救,则韩国即将失败而并入魏国,不如去救。"田臣思说:"君王的计谋错了!秦、魏进攻韩国,楚国、赵国一定会去救它,这是上天把燕国送给齐国。"齐桓公说:"好。"于是暗中告诉韩国使者然后遣送他。韩国自以为得到了齐国的救援,因此与秦国、魏国交战。楚国、赵国听闻后,果然发兵救援韩国。齐国趁机出兵袭击燕国,占领了桑丘(今济宁市兖州区境内)。

词语积累

田父之功：田父，老农。兔子在前面跑，狗在后面追，两者都累死了，被种地的老农捡走。比喻两方相争，第三方得利。

顾左右而言他：顾，看。看着两边的人，说其他的话。形容无话可说，只好有意避开话题，找其他话支吾过去。

明察秋毫：明，视力很好；察，看；秋毫，秋天时鸟兽新长的细毛。视力好到能看清鸟兽秋天长出的细毛。比喻目光敏锐，连极小的事物都看得很清楚。

缘木求鱼：缘木，爬上树。爬到树上去找鱼。比喻做事的方向、方法错了，注定劳而无功。

事齐事楚：事，侍奉。时而侍奉齐国，时而侍奉楚国。比喻处在两强之间，不能得罪任何一方。

史记（上）·孔子世家

孔子世家

孔丘（公元前551—公元前479年），子姓，孔氏，字仲尼，鲁国陬（zōu）邑（今山东省曲阜市）人，后人敬称孔子，伟大的思想家、政治家、教育家，儒家学派创始人，"世界十大文化名人"之首。

● 永远的圣人

孔子的祖上是宋国的贵族，宋国是周朝分封商王的后代，所以孔子是商朝开国君主商汤的后人。孔子的父亲叔梁纥（hé）为了躲避宋国内乱，来到鲁国定居，在陬邑担任大夫。

叔梁纥直到六十多岁，都只有一个跛脚的儿子，便迎娶颜氏女，在尼山祷告，生下了孔子。孔子生下时头顶中间有凹陷，故名丘，字仲尼。

孔子三岁时，叔梁纥去世，由母亲独自抚养，生活很清贫。孔子孩童时做游戏,就经常陈列俎(zǔ)豆等各种礼器,练习礼仪动作。十五岁时,开始立志学习。

孔子长大后身高九尺六寸,当时的人都惊讶地叫他"长人"。因为善于学习,他已经精通当时贵族子弟必学的礼、乐、射、御、书、数六艺,能单手驾驶四匹马的战车,能一箭射中天上的飞鸟,大家认为他很不一般。

孔子从小家境贫寒,为了生计,做过管理仓库、畜牧的小吏。因为工作尽责,才华过人,孔子的名声慢慢在鲁国传播,开始有人前来追随他学习。

孔子意识到这是传播知识的好机会,正式开办私人学校,由此成为我国历史上第一个办私人教育的人。

时值春秋末期,奴隶制处于崩溃的边缘,孔子提倡"有教无类""因材施教""温故知新""学以致用"等教育思想,广招学生,不限身份,彻底打破了奴隶主贵族对教育的垄断。

自此,贵族世家逐渐消亡,阶级被打破,文化的面貌和历史的走向也因此改变。相传,他教导过三千名弟子,有成就的有七十二人,因此被后世尊为"大成至圣先师""万世师表"。

孔子三十岁时,齐景公来到鲁国,见到了孔子。齐景公问他:"以前,秦穆公的国家小,地方偏,为什么能称霸呢?"孔子说:"秦国虽小,但志向远大;地方虽偏,但行为正直。重用奴隶出身的百里奚,授以国政。称王都是可以的,称霸不算什么!"齐景公由此很赏识孔子。

不久,鲁国内乱,孔子到齐国避乱,再次见到了齐景公。齐景公多次召见他,谈论治国之道。期间,孔子欣赏到了歌颂帝舜的《韶乐》,三个月不知道肉味。齐景公虽然看重孔子,但没有任用他,孔子待了几年后被迫离开。

孔子回到鲁国,鲁国的国政由三家卿大夫把持多年后,再次出现权力下移,卿大夫的家臣开始专权。孔子这时已经四十岁了,虽然满腔热忱,但无法参政,于是退闲在家,专心整理《诗》《书》《礼》《乐》等典籍。孔子与众弟子一起,逐个删改修订,为保留这些古代文献做出了杰出的贡献。

这些文献经过孔子的修订,被儒家学者称为"经"。等到汉武帝独尊儒术时,儒家经典便成为历代学者必学之书,在浩如烟海的典籍中占据至高无上的地位,进而塑造了中华民族和每个中国人的内在灵魂。

公元前500年,鲁定公任命孔子为负责全国司法工作的大司寇,并代理行使国相职权。三年后,为了加强国君权力,孔子决定将三家卿大夫修建的城堡拆除,彻底得罪了权臣,行动中止。虽然如此,孔子治理鲁国的政绩仍然十分显著,引起了邻国齐国的不安。

齐景公打算约鲁定公会盟,趁机要挟鲁国。会面后,齐国官员屡屡挑衅鲁国,均被孔子指为失礼。齐景公十分恐慌,知道自己理亏,回国后责备大臣说:"孔子用君子的道理辅佐君主,你们用小人的办法来辅佐我,失了齐国的颜面。"于是主动退还侵占的鲁国土地,表示道歉。

齐国又精心挑选了八十名美女、一百二十四宝马,送给鲁定公。鲁国权臣都想赶走孔子,偷偷接受了礼物,安置在都城南面的高门外,引诱定公前去游玩。

鲁定公流连忘返,政事也懒得打理了。之后,鲁定公举行祭祀,祭肉没有按礼制分给孔子,孔子知道这是不打算任用自己了,于是离开鲁国,周游列国。

孔子路过匡邑(今河南省境内),被误认为是鲁国权臣阳虎,被围困了整整五天,才得以脱困。孔子的弟子颜渊落在后面,好不容易找到老师,孔子说:"我以为你死了。"颜渊说:"老师还健在,我怎么敢死!"

当时的情况很危急,学生们心怀恐惧,孔子说:"自从周文王去世,周朝的文化全在我这里。如果上天要毁灭周文化,就不该让我这个后人掌握它;上天如果不想毁灭它,匡邑人又能拿我怎么样呢!"

鲁国权臣季桓子病重,嘱咐嗣子季康子说:"从前这个国家快兴旺了,因为我得罪了孔子,没有兴旺起来。你辅佐国君之后,一定要召回孔子。"季桓子死后,季康子

▲ 孔子周游列国

想召回孔子。

大夫公之鱼说:"从前鲁定公任用他,没能有始有终,最后被诸侯耻笑。如果你也不能善终,会再次招来诸侯的耻笑。"季康子思量再三,派人召回孔子的学生冉求。

楚国派人聘请孔子。陈国、蔡国的大夫商议说:"如果孔子在楚国被重用,我们两国就危险了。"派人将孔子围困在野外,断绝了粮食。

跟随的弟子饿病了,站都站不起来。孔子还是端坐着给大家讲学。子路很生气地问:"君子也有穷困的时候吗?"孔子说:"君子穷困到极点,也安贫乐道。小人遇上穷困,就无所不为了。"

孔子知道弟子们心中不高兴,问道:"难道是我们的主张有什么不对吗?为什么会落到这种地步?"子路说:"可能是德行和智慧不够,不足以取信于人。"孔子说:"如果你说得对,那比干就不会被商纣王杀死。"子贡说:"因为曲高和寡,老师不如降低一点标准。"孔子说:"如果追求'被接受',而不是追求'道',这样的志向行走不远。"颜回说:"有了正道却不被接受,那是当权者的耻辱,不是君子的耻辱。"孔子笑着说:"颜回是个明白人,我愿意给你做管家。"

孔子派子贡去楚国,楚昭王派出军队前来迎接,打算封给他七百里地。楚国令尹子西阻止说:"大王的使臣有子贡善辩吗?辅佐大臣有颜回贤良吗?统帅有子路英勇吗?官员有宰予明智吗?"昭王说:"都没有。"子西说:"楚国受封时只有五十里,周文王也不过一百里土地。如果给孔丘七百里土地,再加上有才能的弟子辅佐,这不是楚国的福音啊。"于是昭王打消了想法。

孔子周游列国十四年,始终得不到重用,便返回鲁国,开始编撰鲁国的史书《春秋》。《春秋》基于公认的道义来褒贬当时的各种事件,乱臣贼子都害怕起来。

公元前479年，孔子去世，享年七十三岁。孔子死后，他的弟子将他的言行以及与学生的对话汇编为《论语》一书。《论语》集中体现了孔子的政治主张、伦理思想、道德与教育观念，两千多年来，被士人学子视为金科玉律，至今仍然发挥着重要影响。

经典原文与译文

【原文】孔子适郑，与弟子相失，孔子独立郭东门。郑人或谓子贡曰："东门有人，其颡（sǎng）似尧，其项类皋（gāo）陶，其肩类子产，然自要以下不及禹三寸。累累若丧家之狗。"子贡以实告孔子。孔子欣然笑曰："形状，末也。而谓似丧家之狗，然哉！然哉！"——摘自《史记》卷四十七《孔子世家》

【译文】孔子到郑国去，与弟子们走散，孔子一个人站在外城的东门。有个郑国人对子贡说："东门有个人，他的额头像帝尧，他的脖子像皋陶，他的肩膀像子产，但是从腰部以下差了大禹三寸。憔悴颓废，就像没有家的狗。"子贡把原话告诉孔子。孔子很愉悦地笑着说："容貌形状，不重要。但他说我像没有家的狗,是这样啊!是这样啊!"

见贤思齐:贤,贤才;齐,等同。见到有才华的人就想着向他学习看齐。

不舍昼夜:舍,舍弃。不舍弃白天和黑夜。比喻日夜不停、持续不断。

名正言顺:名义对了,说话就合理。比喻做事理由正当充分,理直气壮。

哀而不伤:哀,悲痛;伤,受伤。悲痛但是不伤害身体。原形容情感表达适度,今形容言行有节制,没有过分或者不及的地方。

有教无类:类,类别。无论哪种人都能受到教育。

博闻强识（zhì）：博，广博；闻，见闻；识，记忆力。知识丰富，记忆力强。

敬而远之：尊敬却不愿意接近。

不耻下问：下，地位低。向比自己地位低、知识少的人请教不觉得耻辱。形容谦虚好学。

高山仰止：遇到高山要仰视。比喻崇高的德行让人敬仰。

陈涉世家

> 陈胜（？—公元前208年），字涉，阳城（今地有争议）人。秦朝末年农民起义领袖，张楚政权的建立者。

农民起义领袖第一人

秦朝末年，二世皇帝昏庸不堪，频繁征发百姓，民不聊生。

公元前209年七月，朝廷征调贫民和雇农防守渔阳县（今北京市密云区），一支九百人的队伍在路上遇到大雨，道路被冲垮，只好屯守在大泽乡（今安徽省宿州市境内）。大雨下个不停，没法准时赶到渔阳。按照秦朝的规定，不能准时到达都会被处死。

陈胜、吴广担任戍卒们的屯长，两人商议道："现在逃走是死，干大事也是死，既然都是死，不如为天下而死。"

陈胜说：“天下人受秦朝的暴政已经很久了。公子扶苏为人贤德，受百姓爱戴，听说被二世皇帝杀了，好多人还不知道这个事。楚国有个将军叫项燕，很受楚国人拥戴，当前不知生死。如果我们冒用公子扶苏和项燕的名义，发出起义的倡导，应该会有很多人响应。”

两人一拍即合，去找人占卜，占卜者知道他们的意图，说："你们的事情能成功，但是向鬼神问过吉凶了吗？"陈胜、吴广很高兴，又感到疑惑，占卜问的不就是鬼神吗？两个人揣度占卜者的意思，恍然大悟："这是教我们树立威望。"

两人用朱砂在白绸上写了"陈胜王（wàng）"三个字，偷偷塞进戍卒买来的鱼肚子里。戍卒剖开鱼，发现帛书，十分惊讶。

陈胜又派吴广夜里到驻地附近的古庙，点起篝火，模仿狐狸的声音说："大楚兴起，陈胜为王！"戍卒半夜听到鸣叫，惊恐地议论纷纷，都看着陈胜。

这一天，押送队伍的军官喝醉了酒，吴广故意在他面前多次说要逃跑。军官怒不可遏，责打吴广，打过之后还不解气，拔出佩剑要杀他。吴广一向关心他人，戍卒们都被激怒了。

吴广奋起夺剑，杀死军官，陈胜一起帮忙，杀死两个军官。随即召集戍卒说："我们遇上大雨，已经误了期限。

▲ 陈胜、吴广起义

按规定，误期要被砍头。就算侥幸没死，将来戍边还是要死。大丈夫不死就算了，要死就死得天下皆知、扬名后世。从来就没有什么天生的王侯将相！"戍卒们异口同声地说："唯命是从！"

陈胜便冒充公子扶苏、楚将项燕的名义，命大家袒露右边胳膊，号称要建立大楚，筑起高台，用军官的头颅祭天。陈胜任命自己为将军，吴广为都尉，首先进攻大泽乡，又攻打蕲（qí）县（今安徽省宿州市），很快攻克了好多地方。他们一边进军，一边补充兵员，扩大队伍。行进到陈县（今周口市淮阳区）时，已经有六七百辆兵车，一千多名骑兵，几万名步兵。

起义军占领陈县，陈胜下令召集掌管教化的三老和乡绅议事。众人说："陈将军按功劳应该称王。"于是拥立陈胜为王，号称要张大楚国，因此称这个政权为"张楚"。

陈胜、吴广起义的消息传出，各地义士跟着杀死当地官员，响应陈胜。陈胜便任命吴广为代理王，督率各将领向西进攻荥（xíng）阳（今河南省荥阳市），并派其他将领四面出击，反秦的战火燃遍全国各地。

陈胜麾下有个将军叫葛婴，遇到楚王室的后人襄强，为了名正言顺，立他为楚王。陈胜称王的消息传来，葛婴马上杀了襄强，回来向陈胜报告。一到陈县，陈胜就杀了他。

有一位和陈胜一起当雇农的伙计前来投奔，在宫中进出，举止放肆，经常跟人讲陈胜以前的旧事。

有人对陈胜说："大王的客人愚昧无知，胡说八道，实在有损威严。"陈胜就把这个客人杀了。从此以后，他的故交纷纷离去，将领们见陈胜越来越苛刻，也远离了他。

陈县有个贤人叫周文，自称熟悉用兵，陈胜授予他将军印，让他带兵进攻秦都咸阳。他一路召集兵马，到函谷关时，有几千辆战车，几十万士兵。秦军将领章邯打败了周文，周文自杀，张楚军队溃败。

吴广围困荥阳，久攻不下。将军田臧等人起了异心，假冒陈胜的命令杀掉吴广，把他的头献给陈胜。陈胜只好任命田臧做上将军，让他带领精锐部队西进，迎战秦军，结果又战败了。

章邯领兵打到荥阳，一路追击张楚军队，到了陈县。陈胜麾下的将军一一战死，他亲自出来督战，还是战败。陈胜的车夫杀了他，投降秦军。

陈胜虽然死了，但他以贫民的身份发动了我国历史上第一次大规模的农民起义，从根本上动摇了秦朝的统治。在他之后，平民百姓的反抗意识崛起，农民起义在各朝各代都有发生，后世君主将百姓比作水，自己比作小舟，不敢再将百姓视作奴仆肆意欺压。

经典原文与译文

【原文】陈涉少时，尝与人佣耕，辍耕之垄上，怅恨久之，曰："苟富贵，无（wù）相忘。"佣者笑而应曰："若为佣耕，何富贵也？"陈涉太息曰："嗟乎！燕雀安知鸿鹄（hú）之志哉！"——摘自《史记》卷四十八《陈涉世家》

史记（上）·陈涉世家

【译文】 陈涉年少时，曾经同别人一道受雇佣耕作，停止耕作走到田埂上，惆怅怨愤了很久，说："如果富贵了，不要忘了对方啊。"一起受雇佣耕作的同伴笑着回答说："你一个受雇耕作的人，哪来什么富贵？"陈胜长叹一声说："唉，燕雀怎么能知道鸿鹄的志向呢？"

词语积累

苟富贵，无相忘：苟，如果。如果富贵了，不要忘了对方。

篝火狐鸣：在庙宇里点燃篝火，装出狐狸的叫声，让人认为有神明显灵。比喻谋划起事或谣言惑众。

王侯将相，宁有种乎：宁，难道；有种，天生就有。那些王侯将相，难道是天生就有的吗？用于表达普通人不甘命运安排的心声。

揭竿而起：揭，举起；竿，竹竿，指旗帜；起，起义。举起竹竿当旗帜进行反抗。比喻人民起义。

夥（huǒ）涉为王：夥，同"伙"，多；涉，陈涉。地位低微的人一旦得志，就变得很阔气。